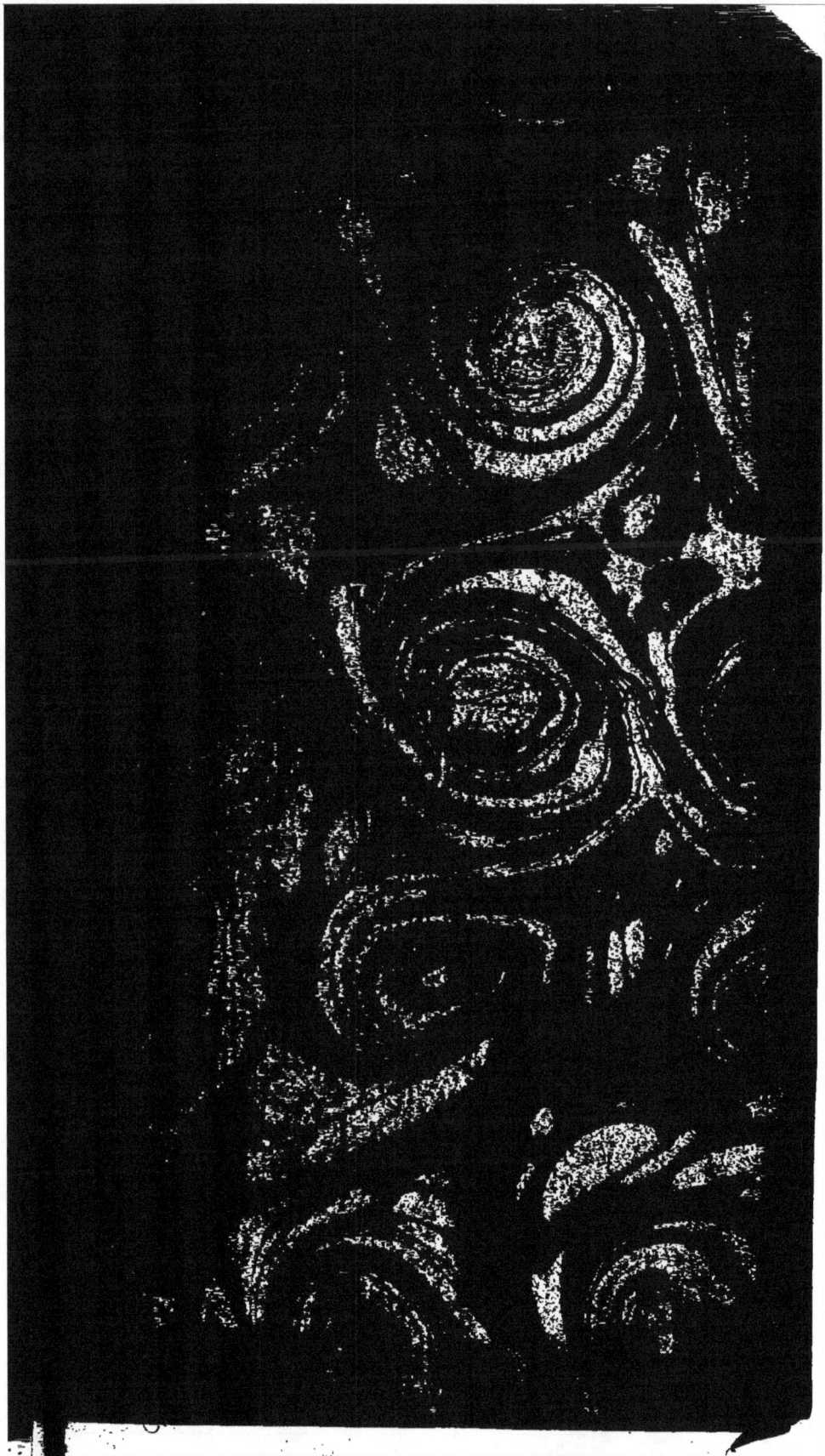

1331

OBSERVATIONS

SUR LE LIVRE

DE

L'ESPRIT DES LOIX,

Par M. CREVIER.

A PARIS,

Chez DESAINT & SAILLANT, rue
Saint Jean de Beauvais.

M. DCC. LXIV.

Avec Approbation, & Privilege du Roi.

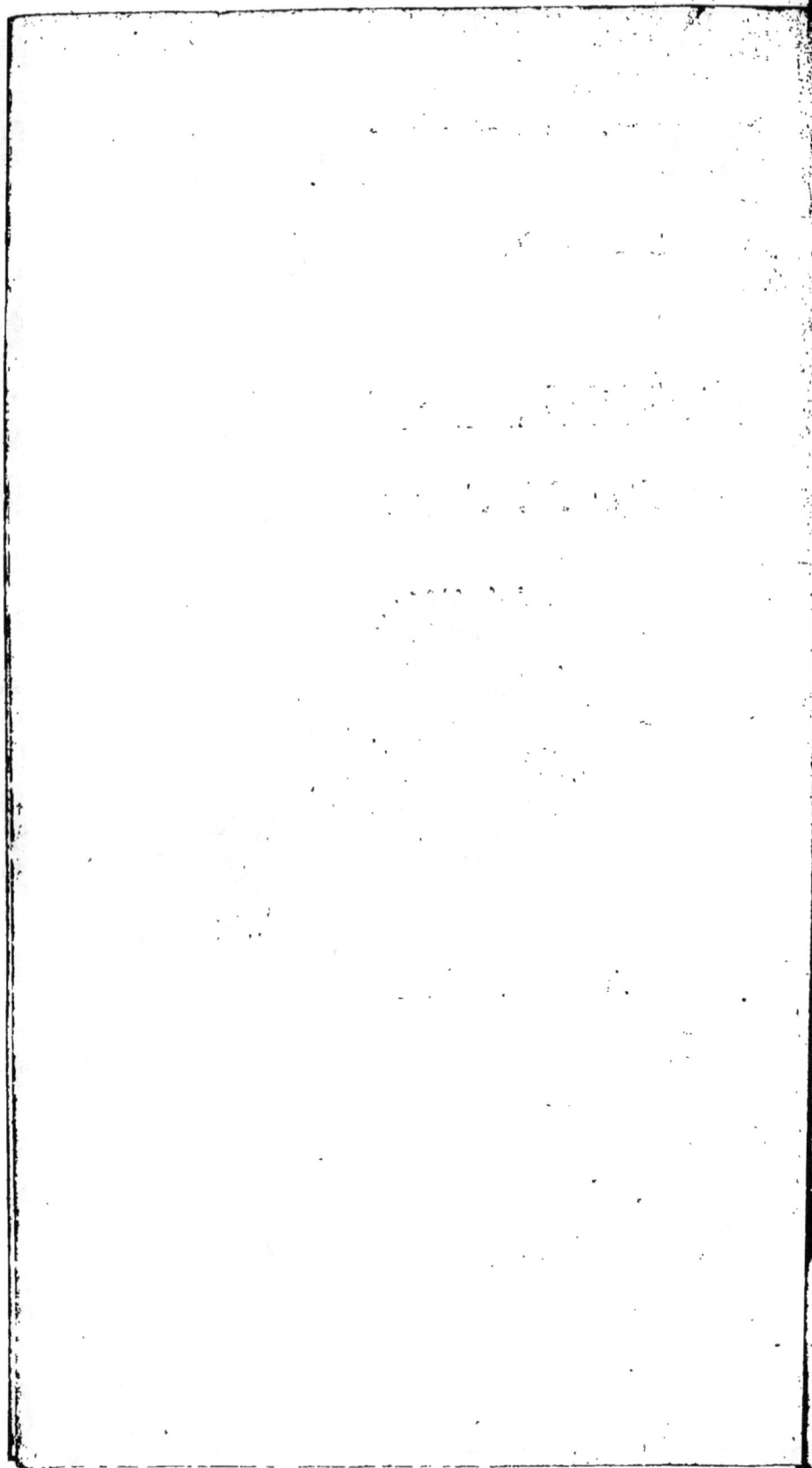

TABLE
DES SOMMAIRES.

a ij

SOMMAIRES.

SOMMAIRES.

SOMMAIRES.

Fin de la Table.

APPROBATION.

J'ai lu, par ordre de Monseigneur le Chancelier, les *Observations* manuscrites, de M. Crevier, *sur le Livre de l'Esprit des Loix*. Le nom d'un Auteur qui a fait ses preuves, est un heureux préjugé. Cet Ouvrage ne perdra rien à l'examen: il m'a paru judicieux & solide. S'il avoit été plutôt entre les mains du Public, la séduction auroit fait moins de progrès. En Sorbonne, le 7 Mai 1763.

JOLLY.

PRIVILEGE DU ROI.

LOUIS, par la Grace de Dieu, Roi de France & de Navarre, à nos amés & féaux Conseillers les Gens tenans nos Cours de Parlement, Maîtres des Requêtes ordinaires de notre Hôtel, Grand-Conseil, Prevôt de Paris, Baillifs Sénéchaux, leurs Lieutenans Civils & autres nos Justiciers qu'il appartiendra, SALUT. Nos amés JEAN DESAINT & CHARLES SAILLANT, Libraires à Paris, nous ont fait exposer qu'ils désireroient faire imprimer & donner au Public un Ouvrage qui a pour titre, *Observations sur le Livre de l'Esprit des Loix*; s'il Nous plaisoit leur accorder nos Lettres de Permission pour ce nécessaires; à ces causes voulant favorablement traiter les Exposans, nous leur avons permis & permettons par ces Présentes de faire imprimer ledit Ouvrage autant de fois que bon leur semblera, & de le vendre, faire vendre & débiter par tout notre Royaume pendant le tems de trois années consécutives, à compter du jour de la date des Présentes. Faisons défenses à tous Imprimeurs Libraires & autres Personnes de quelque qualité & condition qu'elles soient d'en introduire d'impression étrangete dans aucun lieu de notre obéïssance; à la charge que ces Présentes seront enregistrées tout au long sur le Registre de la Communauté des Imprimeurs & Libraires du

Paris, dans trois mois de la date d'icelles ; que l'impression du dit Ouvrage sera faite dans notre Royaume & non ailleurs, en bon papier & beaux caractères, conformément à la Feuille imprimée attachée pour modele sous le contre-scel des Présentes ; que les Impétrants se conformeront en tout aux Réglemens de la Librairie, & notamment à celui du 10 Avril 1725 ; qu'avant de les exposer en vente, le Manuscrit qui aura servi de Copie à l'impression dudit Ouvrage, sera remis dans le même état où l'Approbation y aura été donnée, ès mains de notre très cher & féal Chevalier Chancelier de France, le Sieur de la Moignon ; & qu'il en sera ensuite remis deux Exemplaires dans notre Bibliothéque publique, un dans celle de notre Château du Louvre, un dans celle dudit Sieur de la Moignon, & un dans celle de notre très cher & féal Chevalier Vice-Chancelier & Gardes de Sceaux de France le Sieur de Maupeou, le tout à peine de nullité des Présentes : du contenu desquelles vous mandons & enjoignons de faire jouir lesdits Exposans & leurs ayans causes, pleinement & paisiblement, sans souffrir qu'il leur soit fait aucun trouble ou empêchement. VOULONS qu'à la Copie des Présentes, qui sera imprimée tout au long, au commencement ou à la fin dudit Ouvrage, foi soit ajoutée comme à l'Original : Commandons au premier notre Huissier ou Sergent sur ce requis, de faire pour l'exécution d'icelles, tous actes requis & nécessaires, sans demander autre permission, & nonobstant clameur de Haro, Charte Normande, & Lettres à ce contraires. Car tel est notre plaisir. DONNÉ à Paris, le trentieme jour de Novembre, l'an de grace mil sept cent soixante-trois, & de notre regne le quarante-neuvieme.

PAR LE ROI EN SON CONSEIL.

LE BEGUE.

Régistré sur le Régistre XVI de la Chambre Royale & Syndicale des Libraires & Imprimeurs de Paris, N°. 1019. Fol°. 15, conformément au Réglement de 1723. A Paris, ce 9 Décembre 1763.

LE BRETON, *Syndic.*

OBSERVATIONS

OBSERVATIONS SUR LE LIVRE DE L'ESPRIT DES LOIX.

AVANT-PROPOS.

Entre les Livres qui ont fait du bruit de nos jours, nul n'a eu un succès plus brillant que l'*Esprit des Loix*. Plusieurs le regardent comme un oracle, & ne le citent qu'avec des témoignages de vénération : & nul Lecteur intelligent ne peut lui refuser, à

A

bien des égards, une eftime diftinguée. Vues fines & fupérieures ; coup-d'œil perçant ; art de combiner & de rapprocher les objets , de façon que de leur comparaifon il fort des traits de lumiere furprenans & nouveaux ; éclat d'un ftyle enchanteur : voilà des caracteres qui montrent l'efprit élevé de l'Ecrivain. Du côté du cœur, on fe fent charmé & gagné par les principes d'équité , de douceur, & d'humanité, qui regnent dans tout l'Ouvrage. Ajoutons une érudition très-variée , qui met à contribution les Grecs & les Latins, les Anciens & les Modernes, les Loix Romaines & Bar-

bares, l'Histoire de tous les âges
& de tous les pays de l'Univers
dans ce qu'elle a de plus intéressant, c'est-à-dire, en ce qui
regarde les Loix & les Mœurs.
Rien de ce qui peut exciter l'admiration & l'intérêt ne manque
à cet Ouvrage.

Que n'a-t-il autant de subs-
tance que de montre, autant de
fruits que de fleurs ! Mais si la
Religion & la Morale font les
deux plus solides, ou plutôt les
seuls solides fondemens d'un
édifice tel que celui qu'a prétendu élever l'Auteur ; il faut
avouer que l'*Esprit des Loix* res-
semble aux productions de ce
terrein frappé du Ciel, agréa-

Vices de cet
Ouvrage.

Atteintes
portées à la
Religion & à
la Morale.

A ij

bles & éclatantes à la vue, fragiles au toucher, & fujettes à fe réduire en poudre dès que l'on y porte la main. En effet, qu'eft-ce qu'un Ouvrage où l'on cherche le principe de toutes les Loix, & où le Droit naturel eft réduit prefque à rien; où la regle des mœurs eft affujettie aux influences du climat; où la vertu & le vice ne font jamais confidérés en eux mêmes, mais mefurés fur les rapports d'utilités ou de défavantages avec la nature du Pays & du Gouvernement; où la Religion eft traitée comme la Morale, n'entrant pour rien dans la conftruction du fyftême, & regardée comme un simple acceſſoire, indifférent en ſoi, & variable ſuivant les cir-conſtances; où Dieu lui-même eſt une piece hors-d'œuvre, & où par conſéquent les Loix man-quant de la ſanction divine, ſont deſtituées de la force qui les rend obligatoires : qu'eſt-ce qu'un pareil Ouvrage, ſinon un édifice ſemblable à cette Ville chimérique bâtie dans les airs par les oiſeaux d'Ariſtophane?

C'eſt trop peu dire : un tel Ouvrage devient pernicieux. Il apprend aux hommes à ſecouer le joug qui contenoit leurs paſ-ſions; il leur ôte le doux & puiſ-ſant lien de la charité frater-nelle, fondée ſur une origine

A iij

commune, un même principe,
une même fin : il prive la vertu
de son motif, & délivre le vice
de la terreur la plus capable de
le réprimer : il détruit les devoirs
dans leur source ; & en anéan-
tissant ceux qui se rapportent à
l'Auteur de notre être, quelle
force laisse-t-il à ceux qui ne regardent que nos compagnons ?

Et l'Auteur exécute tout cela
sourdement, & sans déclarer
une guerre ouverte à l'Orthodoxie. Ceux qui l'ont suivi dans le
même plan funeste, devenus plus
audacieux par les succès de leur
précurseur, ont levé le masque.
Mais, par leur témérité même,
ils sont de moins dangereux en-

nemis : parceque, comme le di-
foit un Conful Romain, au fujet T. L. III. 19.
d'une troupe d'Efclaves armés
qui s'étoient emparés du Capi-
tole, en prenant les armes, ils
nous ont avertis de les prendre
de notre côté. L'Auteur de l'*Efprit des Loix* conduit fon entre-
prife plus adroitement : il ne livre point l'affaut à la Religion :
il va à la fape, & mine la Place
fans bruit. Je ne doute point
qu'il ne foit arrivé à plufieurs de
lire fon Ouvrage fans en appercevoir le deffein caché ; mais je
doute encore moins qu'ils ne
foient fortis de cette lecture plus
froids pour la Religion, difpofés
à la critiquer fur bien des chefs,

& très portés à la regarder dans
ſa totalité, plutôt comme une
pratique extérieurement bonne
à conſerver, que comme la regle perpétuelle & invariable des
mouvemens intérieurs de leur
ame.

Sentimens
peu patrioti-
ques.

Voilà le grand vice du Livre
de l'*Eſprit des Loix* ; mais il
n'eſt pas le ſeul. L'oppoſition décidée de l'Auteur au deſpotiſme,
ſentiment louable en ſoi, l'emporte au-delà des bornes. A force d'être ami des hommes, il
ceſſe d'aimer autant qu'il le doit
ſa Patrie. Toute ſon eſtime, di-
ſons mieux, toute ſon admiration eſt pour le Gouvernement
d'une Nation voiſine, digne ri-

vale de la Nation Françoise; mais qu'il n'est pas à souhaiter pour nous de prendre pour modele à bien des égards. L'Anglois doit être flatté en lisant l'Ouvrage de l'*Esprit des Loix*; mais cette lecture n'est capable que de mortifier les bons François.

L'érudition qui pare cet Ouvrage a de quoi étonner au premier coup-d'œil par sa variété & son abondance : mais si on l'examine de près, on la trouve souvent destituée d'exactitude & de justesse. Les faits sont quelquefois présentés, non pas suivant ce qu'ils sont en eux-mêmes, mais teints de la couleur

Peu d'exactitude en matiere d'érudition.

A v

qu'ils ont prife en paffant à travers l'imagination de l'Auteur.
Le vrai fens des paffages cités
n'eft pas toujours exactement
rendu : les citations font négligemment énoncées ; & l'Auteur, pour ne point interrompre
fa marche légere, s'épargne une
petite peine aux dépens du Lecteur, à qui il en donne beaucoup. Enfin, le ftyle n'eft pas
feulement brillant, mais bril-
lanté ; & l'on fent que l'Ecrivain en s'occupant des chofes,
ne s'oublie pas lui-même, & ne
veut pas être oublié.

Vanité de
l'Auteur.

Cette vanité de l'Auteur eft
la fource de tous les défauts de
l'Ouvrage. Si l'on eft furpris

qu'un homme d'un esprit supé-
rieur, obligé par état de s'inf-
truire de la matiere qu'il traite,
savant non seulement dans son
genre, mais dans tout ce qui y
touche, ait pris de si violens &
de si nombreux écarts, c'est qu'il
a voulu ne point suivre les rou-
tes battues : pour s'éloigner de
la façon de penser commune, il
a recherché le paradoxe : il a
craint une Religion qui l'humi-
lioit : ne pouvant se procurer
une indépendance réelle, ç'a été
pour lui une consolation d'en
embrasser du moins l'ombre &
l'idée. Il a pensé que l'exactitude étoit l'héroïsme du médiocre, & qu'un peu de négli-

A vj

gence féioit bien à un efprit élevé.

Je ne crois pas que l'on veuille me contefter le fait de la vanité d'auteur empreinte dans l'Ouvrage de l'*Efprit des Loix*. Mais fi l'on en doutoit, il fuffiroit de fe rappeller, d'une part, l'application que M. de Montefquieu fe fait à lui même du mot du Corrége, à la fin de fa Préface, *Ed io anche fon pittore ;* & de l'autre, les derniers mots de tout l'Ouvrage : » *Italiam, Italiam...* » Je finis le Traité des Fiefs où » la plûpart des Auteurs l'ont » commencé ». Le goût frivole, fi voifin de la vanité, fe décele jufqu'à l'indécence dans le dé-

but du Livre XXIIIe. L'Auteur
va traiter du mariage, je ne dis
pas en Jurifconfulte, mais en
Légiflateur ; car c'eft le rôle
qu'il a pris : & il place à la tête
de fa légiflation fur un objet fi
important, une invocation à
Vénus, empruntée d'un Poëte
ennemi de toute Religion & de
toute Morale.

. . . . » O Vénus ! ô mere de l'Amour !
» Dès les premiers beaux jours que ton Aftre
  » ramene,
» Les Zéphyrs font fentir leur amoureufe ha-
  » leine. « &c.

 Je pourrois encore citer quelques autres traits plus dignes
d'un Petit Maître que d'un Ecrivain férieux.

Dessein &
partage de ces
observations.

M. de Montesquieu demande qu'on le lise tout entier avant que de le juger. J'ai fait plus : je l'ai lû trois & quatre fois ; & c'est après cette lecture réitérée & réfléchie, que j'ai mis par écrit mes Observations , qui ont au moins le mérite d'être impartiales. Car j'avoue que j'avois été d'abord plus frappé des beautés éclatantes dont cet Ouvrage est semé , que de ses vices , qu'elles couvroient en partie à mes yeux. Une étude plus approfondie, & les conseils d'un grand Magistrat, en qui les lumieres égalent l'amour de la vertu, m'ont éclairé , & m'ont fait voir distinctement les taches énormes, que je

n'avois apperçues qu'à travers
une lueur éblouissante. J'ai dé-
mêlé le bon & le mauvais ; &
sans cesser de rendre justice à la
supériorité des talens, j'ai re-
connu clairement l'abus que
l'Auteur en a fait. La découverte de cet abus, qui affecte les
choses mêmes, m'a porté à examiner curieusement la parure
d'érudition dont l'Auteur ac-
compagne & releve le fond de sa
doctrine, & j'y ai trouvé de grandes défectuosités. Cet article est
sans doute le moins important ;
& par cette raison, il sembleroit
ne devoir tenir que le second
rang dans les Observations que
je rédige ici. Mais je pense qu'il

eſt bon de commencer par une
matiere où l'on peut faire toucher au doigt les fautes de l'Auteur, afin que ſon peu d'exactitude dans les faits & dans l'interprétation des textes faſſe ſentir combien l'on riſqueroit à ſe
fier à la juſteſſe de ſes raiſonne-
mens ſur des objets infiniment
plus relevés & plus difficiles.

§. I.

DÉFAUTS d'exactitude dans les faits historiques & dans l'interprétation des textes.

In tenui labor.

L'AUTEUR de l'*Esprit des Loix*, L. II, ch. 2, p. 9 (*a*), établit pour loi dans la Démocratie, qu'il faut que le Peuple élise les Membres du Conseil public ou Sénat, *soit qu'il les choisisse lui-même, comme à Athènes, ou par quelque Magistrat qu'il a établi pour les élire, comme cela se pratiquoit à Rome*, dit-il, *dans*

Fautes de l'Auteur sur la Censure chez les Romains.

(*a*) Je cite l'édition *in-quarto*, 1749.

quelques occasions. Cette expreſſion, *dans quelques occasions,* ne
donne point une idée juſte de la
pratique des Romains dans le
fait dont il s'agit. Ce n'étoit
point *en quelques occasions* ſeulement, mais toujours & conſtamment, que les Sénateurs à
Rome étoient choiſis par un Magiſtrat à qui le Peuple en avoit
donné le pouvoir. Les premiers
Conſuls trouvant le Sénat conſi-
dérablement diminué par la politique tyrannique de Tarquin
le Superbe, compléterent ce
Corps auguſte par le choix qu'ils
firent de cent ſoixante Sénateurs.
Ce droit reſta affeƈté au Conſu-
lat pendant plus de ſoixante ans.

En l'année de Rome 312 fut établie une nouvelle Magistrature, à laquelle on attribua pour une de ses principales fonctions le soin de dresser le tableau du Sénat, d'y faire entrer ceux qui mériteroient cet honneur, & d'en exclure les Sujets indignes & incapables. Les Censeurs, c'est le nom qui fut donné à ces nouveaux Magistrats, jouirent pendant tout le tems que subsista la République, du pouvoir qui leur avoit été assigné dès leur origine. Ainsi c'est à tort que M. de Montesquieu restreint à *quelques occasions*, dans Rome, le choix des Sénateurs par des Magistrats que le Peuple avoit établis pour les élire. Ce que je dis ici est prouvé par toute la suite de l'Histoire, & il est étonnant que M. de Montesquieu ait pu ne pas parler correctement sur une matiere si connue.

Il est vrai qu'il s'est expliqué ailleurs suivant l'exactitude historique. On trouvera, quatre pages plus bas, même Livre, ch. 3, pag. 13, précisément les mêmes choses que je viens d'exposer sur la Censure. Cette contradiction de deux passages qui se combattent sur un point intéressant, & à une si petite distance, est la preuve d'un grand défaut d'attention dans la rédaction d'un Ouvrage, que l'Auteur nous donne, dans sa Préface, pour le fruit d'un travail de vingt ans.

M. de Montesquieu n'est pas heureux sur l'article de la Censure, & il met peu de justesse dans la façon dont il s'exprime sur le pouvoir des Censeurs, note *a* sur le Ch. 8 du Liv. V. p. 53. Selon lui, *un Censeur ne pouvoit pas même être troublé par un Censeur : chacun faisoit sa note sans prendre l'avis de son Collégue.* Chacun faisoit sa note comme il vouloit ; mais afin qu'elle eût son effet, il falloit qu'elle fût consentie par l'autre Censeur, sans quoi elle demeuroit nulle & se réduisoit à rien. On conçoit bien que cela devoit être ainſi, afin qu'un ſeul homme ne fût pas arbitre de l'honneur & de la réputation de tous les Citoyens. Les traits de cette eſpece ne ſont pas rares dans l'Hiſtoire. Il ſuffit de citer ici le mot du ſecond Scipion l'Africain, qui ayant eu pour Collégue dans la Cenſure Mummius Achaïcus, homme d'un caractere exceſſivement porté à l'indulgence, dit *qu'il auroit pu rétablir les mœurs dans la République, ſi on ne lui eût point donné de Collégue, ou ſi on lui en avoit donné un.*

Il eſt vrai que l'exercice du pouvoir des Cenſeurs, lorſqu'ils étoient d'accord, n'étoit ſoumis qu'à leur ſeule volonté. Mais ce

Freinsh. Supplém. Liv. L. III. n. 28.

pouvoir en lui-même avoit des
bornes très étroites , que M. de
Montefquieu devoit remarquer,
pour ne point faire de la Cenfure une tyrannie. Premierement, les Cenfeurs ne jugeoient
point des crimes , & ils n'infli-
geoient jamais les peines ordon-
nées par les Loix contre les criminels. En fecond lieu , leurs
notes emportoient deshonneur,
mais non infamie proprement
dite. La fentence d'un Juge du
dernier ordre qui avoit déclaré
un homme infame , le privoit de
tous les droits honorifiques attachés à la qualité de Citoyen ;
au lieu que la note des Cenfeurs
laiffoit au noté tous fes droits ,

excepté celui-là seul dont elle
l'avoit nommément dépouillé.
Il pouvoit être entendu en témoignage, se rendre accusa-
teur, devenir Juge; enfin, il y
avoit des voies ouvertes pour se
relever de la flétrissure. Celui
que des Censeurs avoient chassé
du Sénat, pouvoit y être rétabli
par leurs successeurs. Il pouvoit
être nommé par le Peuple à une
de ces Magistratures qui don-
noient de droit entrée au Sénat.
Lentulus Sura, qui fut étran-
glé sous le Consulat de Cicéron
comme complice de Catilina,
avoit été privé du rang de Séna-
teur après avoir été Consul, &
il recouvra le droit d'entrer au
Sénat

Sénat par la Préture, qu'il obtint
enfuite du Peuple. Cicéron cite
un Cenfeur, qui lui-même avoit
été noté par les Cenfeurs précé-
dens: Si M. de Montefquieu eût
fait ces obfervations, il n'auroit
pas donné lieu à fes Lecteurs de
regarder les Romains comme
ayant affez peu connu la nature
du gouvernement Démocrati-
que, pour y ériger une Magiftrature dont le pouvoir fût arbi-
traire. Dans tout ce que je dis
ici de la Cenfure, je ne fais que
tranfcrire Cicéron, qui, plai-
dant pour Cluentius, a traité expreffément cette matiere, ch. 42
& 43.

Je remarquerai pour derniere

B

faute de M. de Montesquieu en
ce qui regarde la Censure, qu'il
n'a pas fait assez d'attention à
la date de l'établissement de cette
Magistrature, lorsqu'il parle du
premier divorce arrivé dans Rome, Liv. XVI, ch. 16, p. 271.
Il dit d'une part, que ce divorce
est antérieur de soixante & onze
ans à la Loi des douze Tables;
& de l'autre, il suppose que les
Censeurs intervinrent dans cette
affaire. Or avant la Loi des douze
Tables, il n'y avoit point de
Censeurs: l'époque de leur créa-
tion est postérieure de quelques
années aux Décemvirs.

Sur les bulle-
tins de suf-
frages donnés
aux Citoyens.

La vivacité du génie de M. de
Montesquieu ne lui a pas permis

de se hâter lentement. Il ne s'est
pas toujours donné le tems de
peser scrupuleusement ses paroles : & de-là il arrive que son expression est souvent louche, im-
parfaite, inexacte. Ainsi dans la
note *d*, sur le Ch. 2 du Liv. II,
p. 11, parlant des suffrages portés dans les assemblées du Peuple par bulletins, il dit que *l'on*
donnoit à chaque Citoyen deux
tables, la premiere marquée d'un
A, *pour dire* ANTIQUO; *l'autre*,
d'un U & *d'un* R, UTI ROGAS.
Cela est vrai, lorsque le Peuple
avoit à délibérer sur une Loi qui
lui étoit proposée : mais on sent
bien que la pratique devoit être
différente, lorsqu'il s'agissoit de

B ij

l'élection des Magiſtrats , & qu'alors il falloit donner à chaque Citoyen autant de bulletins qu'il ſe préſentoit de Candidats.

C'eſt encore une petite inadvertance à l'Auteur d'avoir employé le mot *Tables* pour celui de *Tablettes* ou *Bulletins*, *tabellæ* ; & d'avoir nommé *Tabulaires* les Loix ſur cet objet, au lieu qu'il devoit les nommer *Tabellaires*, *tabellariæ*. Ce ſont-là de petites choſes ; mais un beau viſage eſt déparé par de petites taches.

Sur un mariage fauſſement ſuppoſé entre le frere & la ſœur.

Il n'y a perſonne qui ne doive être étonné en liſant dans M. de Monteſquieu, Liv. V, ch. 5, p. 44, que Silanus, dont l'Em-

pereur Claude avoit voulu faire
son gendre, & qui *marqua de son
sang le jour infortuné* où Octa-
vie fut mariée à Néron, que ce
Silanus avoit épousé sa sœur.
C'est une chose non seulement
contraire au droit naturel, mais
inouie dans les mœurs Romaines, que le mariage du frere avec
la sœur; & un fait aussi étrange
valoit bien la peine d'être, non
pas rapporté incidemment & en
un seul mot, mais discuté &
examiné.

Aussi, me dira-t-on, M. de
Montesquieu cite son Auteur.
C'est Sénéque, qui vivoit & écrivoit dans le tems même. Mais
dans quel ouvrage de Sénéque

se trouve le passage allégué ? C'est dans une piéce badine, dans une Satyre ingénieuse, qui cherche bien plus à plaire par un sel piquant, qu'à énoncer l'exacte vérité. Mais encore que dit Sénéque ? & ses expressions marquent-elles nécessairement un mariage ? » Silanus, dit-il, » avoit une sœur très belle & » très coquette. Tout le monde » l'appelloit Vénus : son frere » aima mieux l'appeller Junon ». Qui ne voit que, pour autoriser cette expression, il suffit d'un commerce incestueux, sans qu'il y ait de mariage ? Dans la réalité, il n'y avoit ni l'un ni l'autre. Ecoutons un grave Histo-

rien, qui va nous apprendre la
vérité du fait. »Silanus, dit Ta-
» cite, vivoit dans une grande
» amitié avec sa sœur (a), sans
» crime néanmoins, quoique
» non sans quelque indiscré-
» tion ». C'en fut assez à Vitellius, lâche & insigne flatteur,
pour jetter sur Silanus des soupçons odieux, que Claude saisit
aisément, rompit ses engage-
mens, & donna sa fille en mariage au fils d'Agrippine. Sénéque, créature d'Agrippine, &
Précepteur de Néron, adopta
les bruits répandus par Vitellius, d'autant plus volontiers

(a) Fratrum non incestum, sed incustodi-
tum amorem ad infamiam traxit (Vitellius.)
Tac. Ann. XII. 4.

B iv

que le trait étoit propre à égayer une Satyre; mais il n'a pas même eu l'idée d'un mariage.

Sur la poly-
gamie permi-
fe, felon lui,
par Valenti-
nien.
La polygamie a été auffi inconnue aux Romains que les mariages entre frere & fœur, & elle eft interdite par la loi de l'Evangile. Cependant M. de Montefquieu impute à un Empereur Chrétien de l'avoir permife par une Loi, & lui-même pratiquée. ›› *Quelques raifons* ›› *particulieres à Valentinien*, dit-›› il, Liv. XVI, ch. 2, p. 259, ›› *lui firent permettre la polyga-* ›› *mie dans l'Empire* ››. Comment l'abfurdité de la chofe n'a-t-elle pas révolté, & rendu plus attentif, un homme d'autant d'ef-

prit, & aussi peu crédule que l'est M. de Montesquieu ? Il cite Jornandès & *les Historiens Ecclésiastiques.* Mais ces Historiens Ecclésiastiques se réduisent à Socrate : mais Socrate est un Ecrivain assez éloigné du tems de Valentinien, & Jornandès n'a fait que le copier : mais cette fable a été réfutée par M. Bossuet & par M. de Tillemont. M. de Montesquieu l'ignoroit il ? On peut le soupçonner : car je vois que, dans son Ouvrage, il ne cite jamais ces deux grands Ecrivains. Une telle ignorance ne feroit pas une excuse pour M. de Montesquieu, mais une nouvelle faute ajoutée à celle

Voyez M. de Tillemont, Hist. des Empereurs, tom. V, note 28 sur Valentinien.

B v

d'avoir avancé avec fécurité &
confiance un récit abfurde &
mal appuyé.

Sur la tyran-
nie au tems
des Empe-
reurs. La tentation de faire une jo-
lie phrafe eft un piége pour bien
des Ecrivains, & la fupériorité
du génie de M. de Montefquieu
ne l'en a pas toujours garanti.
Cette féduction l'a écarté de la
vérité hiftorique dans l'endroit
que je vais citer. » *Rome*, dit-il,
» Liv. III, ch. 3, p. 20, *au lieu*
» *de fe réveiller après Céfar, Ti-*
» *bere, Caius, Claude, Néron,*
» *Domitien, fut toujours plus*
» *efclave : tous les coups porterent*
» *fur les Tyrans, aucun fur la ty-*
» *rannie* ». Voilà qui eft agréa-
blement dit. Mais le fait eft-il

vrai ? Je ne considere ici que Domitien. Assurément le coup qui
renversa ce tyran, porta sur la tyrannie. Elle ne reparut plus dans
Rome pendant un espace de plus
de 80 ans. Nerva, Trajan, Adrien,
Tite-Antonin, Marc-Aurele,
forment la plus belle chaîne de
Princes sages & modérés qu'aucune Histoire nous fournisse. Je
sais qu'Adrien fut mêlé de bien
& de mal : mais si l'on excepte
son entrée dans la souveraine
puissance, & les deux ou trois
dernieres années de sa vie, pendant lesquelles il ne jouit pas de
toute sa raison, le reste de son
regne peut-être cité pour modéle
d'un bon Gouvernement.

B vj

La négligence eft une autre
fource d'erreurs & d'inexactitu-
des. Que l'on me permette de
préfenter ici une lifte de fautes
de ce genre dans l'Ouvrage de
M. de Montefquieu, dont chacune eft petite en elle-même ;
mais qui, par leur multiplicité,
prouvent un efprit général d'inadvertance & d'inconfidération.

Au Livre V, ch. 14, p. 62, il
eft dit qu'Artaxerxès fit mourir
tous fes enfans, au nombre de
cinquante ; & Juftin eft cité pour
témoin, au bas de la page. Selon Juftin, Liv. X, ch. 1, Artaxerxès avoit cent quinze fils,
dont cinquante confpirerent
contre lui, & furent mis à mort.

Je trouve quantité de noms propres estropiés, défigurés, mal ortographiés: *Publius* pour *Publilius*, *Chéréas* pour *Chérea*, *Rutilius* pour *Rutilus*, *Asellus* pour *Asellio*, *Delsace* frere de *Géla*, au lieu d'*Œsalce* frere de *Gala*; le nom de l'Historien *Zosime* est écrit *Zozyme*; la Loi *Papia* est appellée *Pappia*; le Sénatus-Consulte *Silanien*, *Syllanien*. Je trouve des citations vicieuses: une Vie de Denys par Plutarque citée, qui n'existe point; Tacite cité au lieu de Florus; Cicéron cité comme original en un point où il traduit Platon, & en avertit; les Supplémens de Tite - Live par Freinshémius,

cités fous le nom de Tite-Live ;
les Extraits faits par ordre de
Conftantin Porphyrogénete cités fous divers noms qui les ren-
dent méconnoiffables ; Suidas
cité comme Auteur de ce qu'il
ne fait que tranfcrire. Je trouve
des traductions fautives d'expreffions très-connues & aifées.
Calumniæ litium fignifie *chica-
nes odieufes*, & M. de Montefquieu traduit *calomnies des jugemens*. Il traduit *non liquet*, par
ces mots, *il ne paroît pas ;* & tout
le monde fait que le fens de cette
formule eft, *l'affaire n'eft pas fuf-
fifamment éclaircie*. Juftin vante
la fidélité de la nation Efpagnole
à garder les fecrets, *pro filen-*

tio rerum creditarum ; & M. de Montesquieu, citant Justin, nous parle de fidélité à garder *les dépôts* (a).

Je ne donne point toutes ces légeres fautes pour des preuves d'ignorance ; il y auroit de l'injustice à en accuser un homme aussi instruit : ce sont des marques de précipitation ; & mon intention est que l'on se souvienne que la précipitation amene du moins autant les faux jugemens sur la nature des choses, que les erreurs historiques &

(a) Voyez au Tom. I. les pages 203, 208. Tom. II. pag. 78, 147, 116, 94. Tom. I. pag. 252. Tom. I. p. 191, & Tom. II. p. 246. Tom. I. p. 301. Tom. II. pag. 134. Tom. I. pag. 46, 69, 94. Tom. II. p. 134. Tom. I. p. 183, 176, 306.

grammaticales. C'est dans le même esprit que je continue de remarquer d'autres fautes plus importantes, & qui demandent d'être traitées avec plus de discussion.

Une note sur la page 69, Liv. V, ch. 19, s'exprime, touchant un établissement fait par Auguste, d'une maniere qui n'est ni claire, ni conforme au texte auquel elle renvoie. *Auguste, dit M. de Montesquieu, citant Dion, Liv. LIII (a), ôta aux Sénateurs, Proconsuls & Gouverneurs, le droit de porter les armes.* Je trouve d'abord l'expression

(a) C'est par une faute d'impression que le texte porte Liv. XXXIII.

louche. L'Auteur ne veut pas
dire qu'Augufte ôta le droit de
porter les armes aux Sénateurs,
aux Proconfuls, & aux Gouverneurs. Le fait feroit évidemment faux, & Dion ne dit rien de
pareil. L'Ecrivain Grec explique
ici le François. Il marque expref- Pag. 504;
fément qu'Augufte ne voulut édit. de We-
point que les Proconfuls cei- chel, 1606.
gniffent l'épée, ni portaffent
l'habillement militaire. Ainfi le
fens de M. de Montefquieu eft
qu'*Augufte ôta aux Sénateurs,
devenus Proconfuls, le droit de
porter les armes.* Mais il faut re-
trancher le mot *Gouverneurs :*
car les Propréteurs, Lieutenans
de l'Empereur, étoient certai-

nement Gouverneurs des Provinces dans lefquelles ils étoient
envoyés, & ils y avoient le commandement des armes. On voit
qu'il eft befoin & d'addition & de
correctif au texte de M. de Montefquieu pour le rendre exact &
conforme à fon original.

J'ajoute que, par rapport au
fond même des chofes, il n'eft
point entré dans l'efprit de l'é-
tabliffement dont il parle. Il va
chercher dans la nature du gouvernement monarchique la caufe de la féparation des puiffances civile & militaire, qui ne
doivent être réunies qu'en la
perfonne feule du Monarque. (a)

(a) Il n'eft point de mon plan de m'arrêter

La nouveauté introduite par Auguste avoit un motif plus prochain & bien simple. Il vouloit mettre dans sa main toutes les forces de l'Empire, & laisser néanmoins subsister une ombre de l'ancien gouvernement. Dans cette vue il partage les Provinces avec le Sénat ; mais il a soin de

ici à prouver la fausseté de ce système. Mais comment M. de Montesquieu pouvoit-il avancer que, par la nature du gouvernement monarchique, les fonctions civiles & militaires doivent être séparées & confiées à des Ordres différens, lui qui savoit si bien que dans la Monarchie Françoise elles ont été pendant plusieurs siécles exercées par les mêmes personnes, & que suivant la loi de la Féodalité, le premier engagement du Vassal envers son Seigneur étoit de le servir *en guerre & en plaids*, dans les expéditions militaires & dans le jugement des procès ? Il nous reste encore des vestiges de l'ancien usage dans les Grands Baillifs & les Sénéchaux, qui sont tous Gens d'épée.

mettre dans fon lot toutes celles
où il y a des troupes, & il ne
laiffe au Sénat que des Provinces défarmées. Il gouvernoit les
fiennes par des Lieutenans, qui,
fous le titre de Propréteurs,
exerçoient en même tems le
pouvoir civil & le pouvoir militaire. Comme les Provinces du
Sénat étoient défarmées, les
Proconfuls qui les gouvernoient
n'avoient nul ufage à faire de la
puiffance militaire; & voilà pourquoi le droit de porter les armes
leur fut interdit. Il n'y a là-
dedans nul myftere. Un Citoyen
qui s'eft rendu le maître de fa
République par la force des armes, ne peut conferver fa puif-

sance que par la voie qui la lui a acquise, & il ne doit point laisser le pouvoir militaire à quiconque ne le tient pas de lui.

Je reviens aux textes traités négligemment par M. de Montesquieu. Voici un passage qu'il prend à contre-sens ; & cette faute principale est accompagnée de bévues accessoires, que, dans un Ecrivain vulgaire, on appelleroit ignorances. *Suidas dit très bien*, ce sont les termes de notre Auteur, même page, *qu'Anastase avoit fait de l'Empire une espece d'Aristocratie en vendant toutes les charges.* Et dans la note *a*, au bas de la page, il cite les » Fragmens tirés

Autres interprétations vicieuses.

» des Ambaſſades de Conſtan-
» tin Porphyrogénete. «

Il ſeroit difficile de compter
les fautes qui ſe trouvent dans
ce peu de lignes.

Premierement, ce n'eſt pas
Suidas qui parle; il n'eſt que le
copiſte de l'Hiſtorien Jean d'Antioche, dont il rapporte les paroles.

En ſecond lieu, après avoir
nommé Suidas dans le texte, on
ne devoit pas dans la note ren-
voyer aux Extraits de Conſtantin Porphyrogénete, comme ſi
le paſſage de Suidas ſe trouvoit
dans ces Extraits. Le vrai eſt que
le paſſage de Jean d'Antioche ſe
trouve également dans les Ex-

traits de Conſtantin Porphyrogénete, & dans Suidas.

En troiſieme lieu, de cin-
quante-trois titres ſous leſquels
Porphyrogénete avoit fait recueillir les Extraits d'un grand
nombre d'Auteurs, il ne nous en
reſte que deux, celui *des Am-*
baſſades, & celui *des Vertus &*
des Vices. C'eſt ce dernier titre
qui contient le paſſage cité de
Jean d'Antioche, & M. de
Monteſquieu renvoie au titre
des Ambaſſades.

Mais ce qui mérite une plus
forte animadverſion, c'eſt que
de deux manieres de lire le paſſage de Jean d'Antioche, dont
l'une ſe trouve dans Suidas, &

l'autre dans les Extraits de Porphyrogénete , M. de Montefquieu a choifi la plus mauvaife.
La leçon de Suidas dit véritablement qu'Anaftafe (*a*) *changea*
l'Empire en Ariftocratie ; mais
celle des Extraits fignifie que cet
Empereur (*b*) *pervertit tout ce*
qu'il y avoit de bon dans le Gou-
vernement. » Optimam Reipu-
» blicæ formam prorfus immuta-
» vit : « comme a traduit Henri
de Valois, qui a publié les Extraits *des Vertus & des Vices* ; &
cette verfion a été fuivie par Kuf-
ter dans fon édition de Suidas.

(*a*) Πᾶσαν ὁμῦ τὴν βασιλείαν εἰς ἀριςοκρατίαν
μετέςησε.
(*b*) Πᾶσαν ὁμῦ τὴν τῆς πολιτείας ἀριςοκρατίαν
μετέςησι.

Ce

Ce sens, en effet, est le seul qui convienne à ce qui précéde & à ce qui suit. Tout le morceau de Jean d'Antioche n'est qu'un exposé des vices d'Anastase. Or on ne reprocha jamais à un Monarque, comme un vice, d'avoir rendu aristocratique la forme de son gouvernement.

Autre faute encore plus grossiere dans le même passage de Jean d'Antioche. Selon M. de Montesquieu, Liv. VI, ch. 21, p. 94, Anastase est blâmé de ce qu'il *ne punissoit point les crimes* (a). Et le sens de l'original

(a) Τοῖς ἀδικῦσι συγχωρῶν. Le mot συγχωρῶν est pris par M. de Montesquieu dans le sens de *pardonner*; mais il signifie ici *accorder*, & il se rapporte à τὰς ἀρχὰς ἁπάσας, que l'on lit dans le membre de phrase précédent.

C

eſt qu'Anaſtaſe *donnoit les charges à des ſujets indignes*. Il eſt
vrai que l'ancienne verſion la-
tine de Suidas a trompé M. de
Monteſquieu ; mais il auroit évité l'erreur, s'il eût voulu conſul-
ter celle de Kuſter, empruntée de
Henri de Valois.

La citation au bas de cette
page 94 eſt ſinguliere : *Fragm. de
Suidas dans Conſtant. Porphyrogénete*. Qui ne croiroit que Suidas eſt l'Auteur original, copié
par les Collecteurs des Extraits
de Conſtantin ?

Il paroît véritablement, ſi l'on
compare cette note de la page 94
avec celle de la page 69, que
M. de Monteſquieu a été dans

cette penfée. Or c'eft un fait bien connu que Suidas eft un Compi- lateur comme les Collecteurs des Extraits : avec cette différence qu'il a fuivi l'ordre alphabéti- que, au lieu que les autres fe font fait un ordre de matieres. On fe- roit tenté de penfer que M. de Montefquieu a cité ces ouvrages fans y avoir même jetté un coup d'œil.

Ce qui eft bien certain, c'eft que voilà deux paffages très-mal traduits. Si les interprétations des textes allégués en preuves par M. de Montefquieu font fi vicieufes, que doit-on penfer des raifonnemens fondés fur ces autorités ?

C ij

Les traductions des Auteurs Grecs font affez fouvent des piéges pour M. de Montefquieu. Ainfi, au Liv. VI, c. 12, p. 85, citant Plutarque, il tranfcrit Amyot, dont la verfion n'eft pas heureufe dans l'endroit cité. Voici le paffage : *Les Argiens ayant fait mourir quinze cens de leurs Citoyens, les Athéniens firent apporter les facrifices d'expiation, afin qu'il plût aux Dieux de détourner du cœur des Athéniens une fi cruelle penfée.* Que fignifie cette expreffion, *les Athéniens firent apporter les facrifices d'expiation ?* Quelle idée offre-t-elle à l'efprit ? Le Grec eft clair. Plutarque dit que *les Athéniens*

firent porter la victime d'expiation autour de l'assemblée : & le
Traducteur Latin l'a bien rendu,
concionem lustrari jusserunt. On
fait que dans les cérémonies d'expiation générale on portoit la
victime autour de l'assemblée de
ceux que l'on vouloit purifier.

Ce n'est pas tout encore.
Amyot, qui n'a pas bien pris la
pensée de Plutarque, ajoute une
interprétation, dont il n'existe
aucun vestige dans le texte : *afin*,
dit-il, *qu'il plût aux Dieux de
détourner du cœur des Athéniens
une si cruelle pensée* ; & M. de
Montesquieu copie cette addition. Mais il paroît plutôt que
l'intention des Athéniens étoit

C iij

de se purifier d'une souillure, dont la tache réjaillissoit de dessus les Argiens sur tous les peuples de la Grece : c'étoit un acte d'humanité compatissante de la part des Athéniens, & non le témoignage d'une crainte qu'ils eussent pour eux-mêmes.

Sentiment scandaleux mal attribué à Plutarque.

Quand le traducteur a réussi, M. de Montesquieu présente fidélement le sens de l'original. Mais sa précipitation, son empressement à saisir tout ce qui favorise les idées dont il s'est une fois prévenu, le conduisent à faire des fautes de son chef : témoin l'absurdité choquante & scandaleuse, qu'il met sur le compte de Plutarque, en ce qui regarde les femmes. Voici ses termes dans la note *a* sur la page 103, Liv. VII, ch. 9. *Quant au vrai amour, dit Plutarque, les femmes n'y ont aucune part.* Comment M. de Montesquieu a-t-il pu croire un Ecrivain aussi judicieux & aussi sage que Plutarque, capable de nier l'existence du penchant de la nature, pour autoriser un vice abominable que la nature désavoue, & qu'elle rejette avec horreur ? Ce n'est point Plutarque qui dit ce que M. de Montesquieu lui attribue : c'est un interlocuteur introduit dans un Dialogue où cette matiere est traitée. Le personnage qui défend & même loue le vice

tant reproché aux Grecs, ra-
baiffe & décrie, pour fervir fa
caufe, l'amour des femmes. Mais
une preuve que fon fentiment
n'eft pas celui de Plutarque, c'eft
que la piece où eft inféré ce Dialogue, finit par le mariage du
jeune homme que fon vicieux
ami eût bien voulu en détourner.

Jugement précipité fur la Cohorte facrée des Thébains.

M. de Montefquieu croit trop
aifément le mal. La corruption
des hommes eft grande ; mais
elle a néanmoins fes bornes, &
on ne doit appliquer aux particuliers les reproches généraux,
que fur des preuves inconteſta-
bles. Il a donc tort d'imputer à
ceux qui compofoient la cohorte

facrée chez les Thebains, le vice Liv. IV, c. 8,
odieux *d'un amour qui devroit* p. 39 & 40.
*être profcrit par toutes les nations
du monde.* Plutarque, qu'il cite
pour Auteur, ne s'exprime pas
nettement fur ce point : & nous
trouvons même, dans l'endroit
cité, un mot de Philippe, qui
écarte les foupçons. Ce Prince
vainqueur à Chéronée, vifita le
champ de bataille ; & voyant les
trois cens Thébains de la cohorte facrée étendus morts fur
le terrein qu'ils avoient occupé
vivans, & tous percés de blef-
fures honorables qu'ils avoient
reçues par devant, il s'écria : » Pé-
» riffent ceux qui croient de fi
» braves gens capables de faire

C v

» ou de souffrir quelque chose
» de honteux. «

Une imagination vive a une grande vertu. M. de Montesquieu voit dans les Auteurs tout ce qu'il veut y voir. Pour appuyer un de ses paradoxes chéris, que le luxe est nécessaire dans les Etats Monarchiques, il avoit besoin d'exemples de l'antiquité. Il en cherche dans Dion, & il met lui-même dans cet Auteur ce qu'il ne peut pas y trouver. *Dans le Sénat de Rome*, dit-il, *composé de graves Magistrats, de Jurisconsultes, & d'hommes pleins de l'idée des premiers tems, on proposa, sous Auguste, la correction des mœurs & du luxe des fem-*

mes. *Il est curieux de voir, dans* *Dion*, *avec quel art il éluda les demandes importunes de ces Sénateurs. C'est qu'il fondoit une Monarchie, & dissolvoit une République.* Comparons à ce récit une traduction fidéle du texte de Dion. Auguste venoit d'établir des peines contre le célibat, & des récompenses pour le maria-ge. » A ce sujet, dit l'Ecrivain » cité, il s'éleva dans le Sénat » des plaintes contre la corrup-» tion des mœurs des femmes & » de celles des jeunes gens : & » l'objet de ceux qui parloient » ainsi étoit de faire leur apolo-» gie, & de rejetter la cause du » célibat, devenu trop commun

C vj

» dans la Ville, sur ces désordres,
» qui rendoient fort difficiles les
» mariages honnêtes. Ils pres-
» soient donc Auguste de remé-
» dier avant tout à la licence
» des mœurs ; & ces instances
» étoient une dérision du Réfor-
» mateur, dont l'incontinence
» étoit publique«. On voit maintenant le motif de l'embarras
d'Auguste, qui sentoit la malice
de ces Sénateurs, & vouloit fein-
dre de ne s'en pas appercevoir ;
qui étoit résolu de soutenir ses
loix contre le célibat, & ne vouloit pas prononcer sa propre con-
damnation, en censurant des désordres dont il donnoit l'exemple. Voilà le dénouement fourni

par Dion lui-même. Il ne s'agit ici ni de diſſolution d'une République, ni d'établiſſement d'une Monarchie. Et ces Sénateurs qui embarraſſoient Auguſte n'étoient point de graves Magiſtrats, ni des Juriſconſultes zélés pour les Loix, mais des apologiſtes de leur propre licence, qui vouloient s'y maintenir en dégoûtant & décourageant le Légiſlateur.

Un ſecond exemple, que Mr. de Monteſquieu tire de Tacite pour prouver ſa thèſe, n'eſt pas traité avec plus de juſteſſe & de vérité. Rien n'eſt plus différent que le texte & ſon commentaire. Tacite, au IIIᵉ Livre des Anna-

les, rapporte que les Ediles se
plaignirent, dans le Sénat, du
luxe des tables porté au plus
grand excès, & proposerent de
rétablir les anciennes Loix somptuaires. Le Sénat embarrassé de
la proposition d'une réforme qui
intéressoit tout ce qu'il y avoit
de plus grand dans l'Etat, ren-
voya à l'Empereur la décision de
l'affaire. Tibere, après en avoir
longtems délibéré avec lui-même, se détermina pour laisser
couler le torrent. Jusqu'ici Tacite & M. de Montesquieu sont
d'accord : c'est sur les motifs
de la détermination de Tibere
qu'ils se divisent. Tacite en allégue deux, que l'on conçoit sans

peine. Selon lui, Tibere craignoit ou de ne pouvoir pas vaincre un abus trop enraciné, & de
commettre ainſi ſon autorité en
portant une Loi qui ne ſeroit
point obſervée; ou, s'il tenoit
la main à l'exécution de ſon Ordonnance, de donner lieu à de
nouvelles accuſations qui ruine-
roient les premieres maiſons de
Rome, & qui lui attireroient la
haine publique. Voilà ce qu'a
penſé Tacite, que l'on n'a jamais accuſé de ne pas creuſer
aſſez. Mais cela eſt trop ſimple
pour M. de Monteſquieu, à qui
il faut du merveilleux, de l'inoui,
des choſes que perſonne n'ait
jamais dites ni penſées. *Tibere*

voyoit, dit-il, qu'il ne falloit plus de Loix somptuaires. Elles avoient convenu au gouvernement Républicain; mais elles répugnoient à l'esprit de la Monarchie, à qui le luxe est nécessaire.

Mais encore d'où M. de Montesquieu tire-t-il ces hautes spéculations ? Veut-il qu'on l'en croie sur sa parole ? Non. Il est trop modeste pour ne point chercher de l'appui. Il fait parler Tibere : il emprunte les paroles que Tacite fournit à ce Prince, mais en les altérant totalement, & en leur faisant dire tout ce qu'elles ne disent point. Voici de quelle façon s'explique Ti-

bere dans Tacite : (a) » Pourquoi
» la frugalité & la tempérance
» étoient-elles autrefois en hon-
» neur ? c'est que chacun mo-
» déroit ses désirs : c'est que nous
» étions citoyens d'une seule
» Ville.... « Il ajoute qu'un autre soin, plus pressant que celui
qui occupe les Ediles, attire son
attention. » Aujourd'hui, dit-il,
» l'Italie a besoin de ressources
» étrangeres pour subsister : la
» vie & la nourriture du peuple

_____

(a) Cur olim parcimonia pollebat ? quia
sibi quisque moderabatur : quia unius urbis
Cives eramus.... Italia externæ opis indiget :
vita populi Romani per incerta maris & tem-
pestatum quotidie volvitur : ac nisi Provincia-
rum copiæ & dominis, & servitiis, & agris
subvenerint, nostra nos scilicet nemora nos-
træque villæ tuebuntur. Hanc curam sustinet
Princeps : hæc omissa funditus Rempublicam
trahet. *Tac. Ann. III. 54.*

» Romain, amenées à grands
» frais d'outre-mer, sont tous les
» jours exposées à la merci des
» flots & des tempêtes. Si les
» provisions nécessaires à notre
» subsistance ne venoient pas des
» Provinces au secours & des
» Maîtres & des Esclaves, vi-
» vrions-nous de nos parcs, &
» de nos superbes maisons de
» campagne ? Voilà le soin dont
» le Prince est chargé. Voilà ce
» qui ne peut être négligé sans
» attirer la ruine de la Républi-
» que «. On ne devineroit pas
qu'il fût possible de trouver dans
ces paroles une apologie, ou
même un éloge du luxe. C'est
pourtant ce que fait faire M. de

Montesquieu. Auſſi puiſſant enchanteur que Circé, qui méta-
morphoſoit les hommes en bê-
es, il transforme des leçons de
ſageſſe en encouragemens du
vice. Il ne traduit pas, mais il
traveſtit ainſi Tacite: *L'Etat ne*
pourroit ſubſiſter (ſans le luxe),
dans la ſituation où ſont les choſes.
Comment Rome pourroit-elle vi-
vre? Comment pourroient vivre
les Provinces? Nous avions de
la frugalité, lorſque nous étions
Citoyens d'une ſeule Ville. Au-
jourd'hui nous conſommons les
richeſſes de tout l'Univers. On
fait travailler pour nous les Maî-
tres & les Eſclaves. Aſſurément
Tacite ne ſe reconnoîtroit pas

dans une pareille traduction. L
différence eſt non ſeulement ſen
ſible, mais bien remarquable
C'eſt un Payen qui blâme for
tement le luxe. C'eſt un homm
ſe diſant Chrétien qui s'en ren
le panégyriſte. Je dis ceci en paſ
ſant, me réſervant à traiter dan
un autre lieu ce qui regarde l
luxe en lui-même. Maintenan
j'ai un autre objet : je n'ai pas
épuiſé les fautes hiſtoriques &
grammaticales de M. de Monteſquieu.

Défauts
d'exactitude
ſur les Loix
ſomptuaires.
Il dit, pag. 107, Liv. VII,
ch. 13, que *les Cenſeurs firen*
faire par les Magiſtrats pluſieurs
Loix particulieres pour mainte-
nir les femmes dans la ſimplicité,

Et il cite les Loix Licinia, Fannia, Oppia. En cela je remarque
deux défauts d'exactitude. 1º. Il
n'est dit nulle part que les trois
Loix ici dénommées aient été
portées à la follicitation ou ré-
quifition des Cenfeurs. Les Confuls ou Tribuns qui les porterent, agiffoient d'office, & fans
avoir befoin d'être excités par le
miniftere des Cenfeurs. 2º. Les
Loix Fannia & Licinia ne re-
gardoient point fpécialement les
femmes. Elles régloient & mo-
déroient la dépenfe de la table.

Notre Auteur n'envifage les
objets qu'en courant, & ne fe
donne point le tems de les examiner. Il fait dire au Conful

Sur la Loi de l'enrollement chez les anciens Romains.

Quintius Cincinnatus, L. VIII,
ch. 12, p. 120 : *Que tous ceux
qui ont fait ferment au Conful de
l'année précédente marchent fous
mes enfeignes.* Quintius n'avoit
garde de tenir un pareil difcours.
Si ceux à qui il parloit euffent
prêté ferment au Conful *de l'année précédente*, ils auroient été
libres de leur engagement dans
le moment où Quintius leur ordonnoit de le fuivre : car, dans
les premiers tems de la République, les Romains ne s'enrôloient
que pour une campagne, à la fin
de laquelle ils étoient licentiés,
& s'en retournoient chacun chez
eux. Mais Cincinnatus étoit
Conful fubftitué en la place de

P. Valerius, qui avoit été tué au commencement de l'année ; & ce font les foldats de P. Valerius qu'il rappelle au drapeau. Il étoit en regle, puifque ces foldats étoient enrôlés pour toute la campagne.

Que dire d'une fuppofition incroyable & révoltante, que préfente froidement M. de Montefquieu, faute d'avoir pefé un inftant ce qu'il écrivoit, & jetté un coup d'œil fur l'original qui lui étoit bien connu ? *Après la bataille de Cannes*, dit-il, *le Peuple effrayé voulut fe retirer en Sicile. Scipion lui fit jurer qu'il refteroit à Rome.* Comment M. de Montefquieu a-t-il conçu que

Sur un deffein mal attribué au Peuple.

tout un Peuple pût former un
projet si chimérique, & si visi-
blement impratiquable ? S'il se
fût donné la peine de consulter
Tite-Live, L. XXII, n. 53, il
y auroit vû que, non pas le Peuple entier, mais quelques jeunes
Officiers, désespérant de la République après la bataille de
Cannes, résolurent ensemble de
se retirer auprès de quelque Roi
étranger, & que Scipion les en
empêcha, en les forçant de jurer
qu'ils n'abandonneroient pas la
Patrie. Le fait ainsi réduit n'a
plus rien que de vraisemblable.

Faux énoncé
sur les Rois.
C'est ici un fait particulier,
sur lequel il étoit aisé d'éviter
l'erreur. Les faits généraux sont
plus

plus dangereux. Un dénombre-
ment imparfait, vice très ordinaire, mene tout naturellement
à une fausse conséquence. C'est
de quoi M. de Montesquieu
nous fournit un exemple, pag.
164, Liv. XI, ch. 8. Il observe
qu'*avant que les Romains eussent
englouti toutes les Républiques,
il n'y avoit presque point de Roi
nulle part, en Italie, Gaule, Espagne, Allemagne ;* & un peu
plus bas il ajoute : *il falloit aller
jusqu'en Perse pour trouver le gouvernement d'un seul.* M. de Montesquieu avoit - il donc oublié
qu'il existoit, dans le tems dont
il parle, des Rois en Macédoine,
en Syrie, en Egypte, des Rois

D

de Pont & de Bithynie dans l'Asie Mineure, des Rois Numides & Maures en Afrique? Quelle confiance peut-on prendre en un Ecrivain qui hazarde une assertion aussi téméraire?

Je ne sais si sa pensée étoit que les Romains ont multiplié les Rois sur la terre : pensée qui seroit bien fausse, puisqu'ils en ont assurément plus détruit qu'ils n'en ont créé. M. de Montesquieu paroît néanmoins avoir eu cette idée, lorsqu'il avançoit, pag. 149, Liv. X, c. 17, que *les Romains faisoient par-tout des Rois, pour avoir des instrumens de servitude.* Dans cette proposition, outre la fausseté du fait, fe trouve encore le vice d'une traduction qui manque le fens de l'original. Car Tacite, que Le fens d'un paffage de Tacite mal pris. M. de Montefquieu prétend ici traduire, dit fimplement que les Romains étoient dans l'ufage de fe fervir des Rois comme d'inftrumens de fervitude. *Vetere ac* Agr. n. 14. *jam pridem receptâ populi Romani confuetudine ut haberet inftrumenta fervitutis & Reges.* Tacite avoit fi peu dans l'efprit l'idée de Rois *faits* par les Romains, que fa réflexion porte fur un Roi que les Romains n'avoient point créé, mais dont ils avoient feulement aggrandi le domaine.

Les paradoxes de M. de Mon-

D ij

tesquieu m'étonnent toujours.

Ce même chapitre, où il a réduit les Rois des tems qui ont précédé la grandeur Romaine à un si petit nombre, il l'avoit commencé par faire main-basse sur les Aristocraties. » Les Anciens, » dit-il, pag. 163, ne connoisfoient pas le gouvernement » fondé sur un corps de Noblesse ». Qu'est-ce qu'*un gouvernement fondé sur un corps de Noblesse*, sinon un gouvernement Aristocratique ? Or comment peut-on dire que les Anciens n'ont point connu l'Aristocratie ? Ils en ont tant parlé. Ce seroit se rendre ridicule que de se mettre en frais pour prouver que les Anciens ont connu le gouvernement Aristocratique. Si quelqu'un en pouvoit douter, il n'auroit qu'à ouvrir la Politique d'Aristote. Je ne puis pas deviner quelle idée a passé par l'esprit de M. de Montesquieu.

Mais je crois voir ce qui l'a trompé sur le sens d'un passage de Justin. Il est nécessaire de rapporter ici ce passage. Justin, Liv. XVII, c. 3, fait un abrégé de l'Histoire de l'Epire, & venant à Arrybas, l'un des Rois de ce pays, il s'exprime ainsi : *Primus leges, & Senatum, annuosque Magistratus, & Reipublicæ formam composuit.* Le sens est clair. L'Epire avoit été long-

Mauvaise traduction d'un passage de Justin.

tems un pays prefque barbare,
& gouverné defpotiquement.
Arrybas, qui avoit été élevé à
Athenes, y ayant pris le goût de
la littérature & de la politeffe,
en fit un ufage bien louable &
bien avantageux à la Nation. Il
y établit l'autorité des Loix, un
Confeil public, des Magiftrats
annuels, en un mot, une forme
de gouvernement policé. M. de
Montefquieu a pris à contre-fens
le mot *Reipublicæ*. ” Pour tem-
” pérer le gouvernement d'un
” feul, dit-il, Liv. XI, ch. 10,
” pag. 165, Arrybas, Roi d'E-
” pire, n'imagina qu'une Répu-
” blique ”. On fait ce que fignifie dans notre langue le mot *Ré-*

publique, sur-tout quand il se
trouve opposé au *gouvernement*
d'un seul. Il n'est personne
qui, en lisant M. de Montesquieu, ne crût que la Royauté
fut abolie dans l'Epire. Mais
cette opinion seroit bien fausse,
& démentie par les faits & par la
suite même du texte de Justin.
La précipitation ordinaire à Mr.
de Montesquieu ne lui a pas permis de faire ces observations si
simples, & la ressemblance du
mot *Reipublicæ* avec notre mot
République l'a jetté dans l'erreur.

Cette mauvaise traduction
m'avertit de donner ici trois autres exemples de fautes du même

Autres tra-
ductions vi-
cieuses.

D iv

genre. M. de Montesquieu parlant de Q. Scévola, le modéle
des Magistrats Romains, dans
un siécle qui commençoit à se
corrompre étrangement, dit de
lui, L. XI, c. 18, p. 180, qu'il
*voulut rappeller les anciennes
mœurs, & vivre de son bien propre avec frugalité & intégrité.*
Que présente cette expression ?
sinon la conduite d'un homme
privé, qui, dans son domesti-
que, se conforme aux anciennes
mœurs. Diodore de Sicile (a),

(a) Le morceau de Diodore nous a été con-
servé par le Recueil de Constantin Porphyrogénete, qui est ici très bien cité : & ce n'a pas
été pour M. de Montesquieu un avertissement
de corriger plusieurs des citations précédentes
du même Recueil, qui sont gauches & lou-
ches : nouvelle preuve de la négligence avec
laquelle a été rédigé son Ouvrage.

que notre Auteur prétend traduire ici, nous donne bien d'autres idées. » Scévola, dit-il, se
» piqua de réformer par sa vertu
» le mauvais goût de son siècle ;
» & ayant été envoyé Proconsul
» en Asie, il prit sur lui-même &
» fit de son bien propre toute la
» dépense de sa personne & de sa
» maison ». Les autres Proconsuls se faisoient en grande partie
défrayer par les peuples, eux &
leurs Officiers. Scévola condam-
na, par sa conduite, cet abus introduit par la coutume contre
les loix. Il fit encore bien d'autres choses, dont il n'est pas question ici, & que M. de Montesquieu ajoute ensuite d'après Dio-

D v

dore. Mais la premiere partie de
sa version n'a ni justesse ni dignité.

Voici une faute bien plus grave. Il est vrai qu'il s'agit d'un mot
un peu difficile, & dont la signi-
fication n'est pas communément
bien connue. Néron voulant
obvier aux fraudes & aux vexa-
tions des Publicains, ordonna,
suivant le rapport de Tacite,
Ann. L. XIII, n, 51, » que les
» conditions des baux faits par
» l'Etat à ses Fermiers, pour chaque espece d'impôts, fussent affi-
chées publiquement. ». *Ut leges
cujusque publici proscriberentur.*
Cela ne s'étoit pas fait jusqu'a-
lors ; & à la faveur du mystere

avec lequel se traitoient ces affaires, les Publicains exigeoient plus qu'il ne leur étoit accordé. M. de Montesquieu traduisant les paroles latines que je viens de citer, change *les clauses des traités* en *loix faites contre les Publicains*. Il est visible qu'il n'a pas entendu le mot *publicum*. Il auroit pû en apprendre la valeur de Juste-Lipse & de Gronove, qui ont fort bien expliqué l'endroit de Tacite dont il s'agit. D'Ablancourt même ne s'y est pas trompé; & sa version, sans être tout-à-fait exacte, ne s'écarte pas entièrement du sens : *les Edits de toutes impositions.*

Liv. XIII, c. 19, p. 214.

Le troisieme exemple que j'ai

D vj

promis de mauvaise traduction, pourroit être regardé par quelques - uns plutôt comme une expression louche, que comme une version infidéle. Mais enfin M. de Montesquieu ne présente point la pensée de son original, & il induiroit en erreur le Lecteur qui s'en rapporteroit à lui. Tacite , dans son Livre des Mœurs des Germains, n. 19, parlant de la chasteté des mariages dans cette Nation, & de la rigueur inexorable des peines auxquelles on soumettoit les femmes adulteres , observe que » personne dans ce pays ne traite » le vice comme matiere à plai- » santerie ». On ne sait que le

punir avec sévérité. *Nemo illic
ritia ridet.* Cette idée est-elle
bien rendue par la traduction de
M. de Montesquieu ? *les vices
n'y font point un sujet de ridicule.* Liv. XVIII, ch. 25, p. 296.

L'Histoire Romaine devroit
avoir été soigneusement étu- Fautes en matiere d'Histoi-
diée, sur-tout en ce qui regarde re Romaine.
les loix, l'administration, le gouvernement, par l'Auteur de l'*Esprit des Loix*, & il seroit naturel
de penser que l'on pourroit mar-
cher sûrement dans cette car-
riere sous un tel guide. Il n'en est
rien, & l'on s'exposeroit à faire
souvent de faux pas, si l'on se
fioit à sa conduite. On a déja vû
quelques traits qui prouvent ce

que j'avance ici. J'en vais raffembler encore plufieurs autres
fous un même point de vûe, en
choififfant des objets frappans,
où l'erreur foit manifefte, & ne
laiffe ouverture à aucun fubter-
fuge.

Sur les Dé-
cemvirs.

Rien n'eft plus célébre dans
l'Hiftoire des premiers-tems de
la République Romaine, que la
Magiftrature des Décemvirs, qui
furent créés l'an de Rome 302
pour dreffer un Code de Loix,
qui manquoit à l'Etat. On les
revêtit d'une puiffance fans bornes, & toutes les autres Magif-
tratures cefferent. Plus de Confuls, plus de Tribuns. C'eft ce
que remarque Tite-Live en pro-

pres termes, L. III, n. 32. *Placet creari Decemviros sine provocatione, & ne quis eo anno alius Magistratus esset* : & Denys d'Halicarnasse y est conforme. Les Décemvirs eurent donc non la puissance Consulaire, mais une puissance plus grande que n'avoit été celle des Consuls, puisque la leur étoit sans appel, au lieu qu'il étoit permis d'appeller des Décrets & des Ordonnances des Consuls au jugement du Peuple. Pour ce qui est de la puissance Tribunicienne, dont l'objet propre étoit d'arrêter l'activité des autres Magistratures, qui étoit plutôt un obstacle à l'exercice des Magistratures, qu'une Magiftrature véritable, elle n'exiftoit plus fous les Décemvirs, elle étoit anéantie. C'eft ce que prouve toute l'hiftoire du Décemvirat, & en particulier de la révolution qui abolit cette Magiftrature tyrannique, & qui rétablit les Confuls & les Tribuns.

Cela pofé, on voit avec quelle jufteffe s'exprime M. de Montefquieu, lorfqu'il dit, Liv. XI, ch. 15, p. 172, que les Décemvirs *fe trouverent revêtus de la puiffance Confulaire & de la puiffance Tribunicienne.* Ils avoient une puiffance plus que Confulaire, & ils ne poffédoient pas la puiffance Tribunicienne, mais

ils en étoient débarrassés. Notre
Auteur confond toutes les idées,
& il transporte aux Décemvirs
ce qui fut ordonné plus de quatre siécles après en faveur des
Empereurs.

Il détermine aussi très-mal les
limites de ces deux puissances,
lorsqu'il ajoute : *L'une*, c'est-à-
dire la puissance Consulaire,
*leur donnoit le droit d'assembler le
Sénat : l'autre*, c'est-à-dire la
puissance Tribunicienne, *celui
d'assembler le Peuple.* Il sembleroit, à entendre M. de Montesquieu, que les Consuls & les Tribuns avoient leurs districts sépa-
rés, & que le département des
uns étoit le Sénat, & celui des

Sur les Con-
suls & les Tri-
buns.

autres le Peuple. Cette idée seroit bien fauſſe. Les Conſuls
étoient les Chefs, non pas du
Sénat ſeulement, mais de la République. Ils convoquoient les
aſſemblées générales du Peuple,
qu'on appelloit *Comitia Centu-*
riata, & ils y préſidoient. Pour
ce qui eſt des Tribuns, il eſt vrai
qu'ils n'avoient d'abord été créés
que pour la partie de la Nation
qui conſtituoit l'ordre du Peuple ; mais ils étendirent bien leur
pouvoir, & ils s'acquirent le
droit d'aſſembler le Sénat. Ils en
jouiſſoient dès avant l'établiſſement des Décemvirs, comme il
paroît par Denys d'Halicarnaſ-
ſe, L. X, p. 657. Ainſi il n'y a

nulle exactitude dans tout ce
que dit M. de Montesquieu touchant les droits partagés des
Consuls & des Tribuns.

Il augmente aussi, contre la Sur les droits du Peuple.
vérité de l'Histoire, & par une
suite de sa précipitation à juger,
les droits du Peuple vis-à-vis &
au préjudice du Sénat. *Quelque
tems avant la premiere guerre Punique*, dit-il, Liv. XI, ch. 17,
p. 175, *le Peuple régla qu'il auroit seul le droit de déclarer la
guerre.* Toute l'Histoire, comme
je l'ai dit, dépose contre ce fait.
On peut s'en convaincre, si l'on
veut lire dans Tite-Live les dé-
clarations de guerre contre les
Carthaginois après la prise de

Sagonte, contre Philippe Roi
de Macédoine, contre Antiochus, contre Perfée. Dans toutes ces occasions, on verra le Sénat délibérer fur la guerre, prendre fon parti, & donner le ton
au Peuple, qui n'ordonne la
guerre que d'après l'avis du Confeil public : & cette façon de
procéder n'étoit pas nouvelle ;
c'étoit la pratique de tous les
tems & pour toutes les affaires,
quand elles fe traitoient régulie-
rement. L'ordre étoit qu'elles
fuffent d'abord préparées & dif-
cutées dans le Sénat, pour être
enfuite portées au Peuple, à qui
appartenoit le droit de décider
en dernier reffort. Mais un or-

dre si sage étoit souvent inter-
verti par l'audace des Tribuns,
qui portoient les affaires au Peuple de plein saut, sans une dé-
libération préalable du Sénat, &
quelquefois contre son vœu.

Il est vrai qu'il y eut quelque
chose de particulier dans la déclaration de la premiere guerre
contre les Carthaginois. Le Sénat étoit partagé par les raisons
que l'on peut voir dans Polybe,
& il ne prit point une délibéra-
tion fixe. Dans ce partage le
Peuple décida, & ordonna la
guerre.

Freinshémius dans ses Supplémens, n. 23 du Livre qui remplace le seizieme de Tite-Live,

dit que le Peuple ufa alors du droit qu'il avoit quelques années auparavant extorqué au Sénat : & ce font ces paroles qui ont trompé M. de Montefquieu. Il s'eft imaginé que Freinshémius parloit du droit de déclarer la guerre : & Freinshémius lui-même avertit par la citation mife en marge, qu'il a en vûe une Loi qui ordonnoit que les Ordonnances portées par le Peuple, fans le concours du Sénat, obligeaffent toute la Nation. C'eft une queftion, fi la conjecture de Freinshémius eft vraie : mais la faute de M. de Montefquieu eft certaine.

Sur l'Ordre des Chevaliers.

Ce qu'il dit de l'Ordre des

Chevaliers Romains n'eſt pas plus exact. Il en parle incidemment, Liv. XI, c. 18, p. 180; & à ſon ordinaire, il compoſe une hiſtoire d'imagination, accommodée à ſes ſyſtêmes, & non pas fondée ſur les monumens. Je ſais que cette matière eſt épineuſe, & qu'il n'eſt pas aiſé de faire un tout bien lié des différens témoignages qui nous reſtent de l'antiquité touchant l'Ordre Equeſtre. Mais nul Ecrivain, ſoit ancien, ſoit moderne, n'a jamais dit, comme M. de Monteſquieu, que juſqu'au tems des Gracques la Cavalerie Légionnaire ait été compoſée uniquement de Chevaliers Romains. Il lui étoit réservé de nous apprendre qu'élevés par les Gracques à la dignité de Juges, *les Chevaliers ne voulurent plus servir dans cette Milice, enforte qu'il fallut lever une autre Cavalerie.* Nous trouvons dans Tite-Live positivement le contraire de ce qu'avance ici M. de Montesquieu. L'Historien Romain nous donne, Liv. V, n. 7, la date précise du tems où furent admis dans la Cavalerie Légionnaire des Citoyens qui sûrement n'étoient pas Chevaliers Romains. C'est durant le siége de Veies, près de trois cens ans avant les Gracques. Je ne cite point les termes de Tite-Live, parce qu'ils exigeroient

exigeroient une difcuffion qui n'eft point de l'objet préfent. Mais le fait eft inconteftable.

Le Sénat Romain auroit-il été privilégié pour M. de Montefquieu, & feroit-il le feul Corps de la République Romaine dont cet Ecrivain n'eût point altéré l'hiftoire & l'idée ? Entre plufieurs obfervations que je pourrois faire pour réfoudre le problême, j'en choifis une qui me paroît importante. M. de Montefquieu, L. II, ch. 2, pag. 12, s'explique ainfi : *Les Arrêts du Sénat avoient force de Loi pendant un an : ils ne devenoient perpétuels que par la volonté du Peuple.* Cette police même eft louée

E

par notre Auteur comme très-
sage, parce qu'*il est souvent à
propos*, dit-il, *d'essayer une Loi
avant que de l'établir*. Il répete la
même chose dans la note *f* sur
la page 179, L. XI, c. 18. J'ose
dire que ce prétendu essai d'une
Loi, avant que d'en fixer la sta-
bilité, est une chimere née du
cerveau de M. de Montesquieu,
& que l'on n'en peut pas citer
un seul exemple dans toute la
suite de l'Histoire de la République Romaine. Il est vrai que
dans les choses d'administration,
qui doivent varier suivant les
circonstances, le Sénat faisoit
souvent des réglemens annuels,
comme lorsqu'il distribuoit les

départemens entre les deux Confuls, & déterminoit le nombre
des Légions qui devoient être
mifes en campagne ; comme encore lorfqu'il décidoit fi l'on éli-
roit des Confuls ou des Tribuns
pour l'année où l'on alloit entrer. Les paffages de Denys
d'Halicarnaffe allégués par Mr.
de Montefquieu ne difent que
cela, & ne doivent pas être autrement entendus. Mais par rapport aux Loix, le droit du Sénat étoit, comme je l'ai dit
plus haut, d'en délibérer le premier, & de donner fon avis au
Peuple, dont il éclairoit ainfi
les fuffrages, mais qui prenoit
fon parti comme il lui plai-

aucune autre. C'est ce qu'ont très bien observé Casaubon dans ses notes sur Strabon, & le Pere Hardouin dans celles sur Pline. Pourquoi l'obligation de rendre une exacte justice n'a-t-elle pas engagé M. de Montesquieu à la même attention?

Expression
trop limitée. Je viens de remarquer une expression trop générale. En voici une trop limitée. *Domitien*, dit notre Auteur, L. XXI, ch. 11, p. 38, *fit arracher les vignes dans les Gaules.* Selon Suétone, l'Ordonnance de Domitien regardoit toutes les Provinces de l'Empire, dans lesquelles il ne resta tout au plus que la moitié des vignes qu'on y cultivoit au-

paravant. C'est ce qui est prouvé
en particulier de l'Asie par le
témoignage de Philostrate : &
puisque l'Empereur Probus per-
mit aux Espagnols & aux Pan-
noniens, aussi-bien qu'aux Gau-
lois, de cultiver la vigne, il faut
bien que l'Espagne & la Panno-
nie fussent comprises dans la
défense de Domitien.

Ajoutons que M. de Montesquieu, qui ne veut jamais penser
comme les autres, cherche à
cette défense un motif différent
de ceux qui sont assignés par les
anciens témoins. Suétone dit
que Domitien avoit remarqué
qu'il y avoit abondance de vin
& disette de bled, & qu'il crut

E iv

que la culture de la vigne nui-
foit à celle des grains. Selon Phi-
loftrate, il craignoit les fédi-
tions que l'ufage immodéré du
vin peut faire naître fouvent
parmi la populace. Ces deux motifs peuvent être vrais l'un &
l'autre, le premier employé comme couleur, & le fecond férieux
& réel. Mais M. de Montefquieu
ne devine pas heureufement,
lorfqu'il affure que ce Prince ti-
mide craignoit que l'agrément
de la liqueur de la vigne n'atti-
rât les Barbares dans les Gaules.
Sous le regne de Domitien, l'in-
vafion des Barbares n'étoit pas
un danger contre lequel on crût
avoir befoin de fe précaution-

ner. L'Empire Romain avoit encore toute sa force, & il se soutenoit, même sous un mauvais gouvernement, par sa propre vigueur. On étoit en guerre avec les Nations Germaniques, mais ce ne fut que longtems après que l'on apprit à les craindre.

On ne peut trop se défier des citations de M. de Montesquieu. Je ne conseillerai à personne de rapporter un fait d'après lui, s'il ne l'a bien vérifié sur les originaux. Il est incroyable, par exemple, combien il altere & défigure les Traités faits par les Romains en différens tems avec les Carthaginois. Polybe, dans son troisième Livre, en rapporte

Quatre Traités confondus en un.

E v

trois, avant que les deux Peuples entrassent en guerre. Il parle aussi de celui qui termina la premiere guerre Punique. M. de Montesquieu semble confondre les quatre Traités en un. Il attribue à celui qui termina la guerre, des articles qui ne se trouvent que dans ceux qui l'ont précédée. Il prend à contre - sens quelques unes de ces conditions. Il transporte à la fin de la guerre un fait qui en regarde les commencemens & les préparations. Je ne demande pas que l'on m'en croie sur ma parole. Je vais reprendre & discuter chacun de ces points.

Voici les propres termes de

M. de Montesquieu, Liv. XXI, ch. 8, p. 35. *On voit dans le Traité qui finit la premiere guerre Punique, que Carthage fut principalement attentive à se conserver l'empire de la mer, & Rome à garder celui de la terre.* Pour apprécier la justesse de ces expressions, il faut se souvenir que dans ce Traité les Carthaginois subissoient la loi de leurs vainqueurs. Par ce Traité ils abandonnerent la Sicile, & toutes les isles qui sont entre la Sicile & l'Italie. C'est-là une forte breche à l'empire de la mer pour les Carthaginois. *Mais,* dit M. de Montesquieu, *il ne fut pas permis au Romain de naviger*

au-delà du Beau Promontoire.
Oui, cette navigation leur étoit
interdite par les Traités qui
avoient précédé la guerre ; mais
la défense ne se trouve plus dans
celui qui la finit. Mais *Hannon,*
dans la négociation avec les Ro-
mains, déclara qu'il ne souffriroit
pas seulement qu'ils se lavassent
les mains dans les mers de Sicile.
Cette protestation fut faite vingt-
trois ans auparavant, lorsque l'on
se préparoit des deux parts à la
guerre, & non lorsqu'il fut question de la finir. Et comment les
Carthaginois auroient-ils pensé
à empêcher les Romains de se
laver les mains dans les mers de
Sicile, pendant qu'ils abandon-
noient la Sicile entiere ? Enfin,

Freinshem.
Suppl. Liv.
L. XVI, n.
26.

fur la défenfe prétendue faite
aux Romains *de trafiquer en Sicile*, j'obferverai que dans le fecond des Traités rapportés par
Polybe , Traité antérieur à la
guerre de Pyrrhus, il eft ftipulé
expreffément qu'il fera permis à
tout Romain de faire & de vendre dans la partie de la Sicile qui
obéit aux Carthaginois, ce qu'un
Carthaginois y feroit & y ven-
droit. Au refte , je ne difconviens
pas que les Carthaginois ne de-
firaffent de conferver l'empire
de la mer. Mais le Traité qui termina leur premiere guerre contre les Romains fut pour eux l'é-
poque de la décadence de cet
empire , qui fut éteint par la fin
malheureufe de la feconde guer-

re, jufqu'à ce que la troifiéme opérât la deftruction de leur Ville même.

Fautes par rapport à une Loi digne de remarque. On peut obferver que M. de Montefquieu ne fait pas pour une faute à la fois. Quand il a pris un fait de travers, il le tourmente & le bouleverfe dans toutes fes circonftances. Nous venons de le voir en ufer ainfi à l'égard des Traités entre les Romains & les Carthaginois. Il traite de même une Loi digne de remarque dans l'Hiftoire Romaine. *Sous Sylla*, dit-il, Liv. XXII, c. 22, p. 78, *L. Valerius Flaccus fit une Loi qui permettoit l'intérêt à trois pour cent par an. Cette Loi, la plus équitable & la plus modérée de celles que les Ro-*

mains firent à cet égard, Pater-
culus la désapprouve. Considé-
rons d'abord la Loi, & enfuite
la perfonne du Légiflateur. Ni
l'interprétation que M. de Montefquieu donne à la Loi n'eft
exacte, ni celui qui la porta n'a
été bien connu de lui.

L'expreffion originale de l'Auteur qui nous a confervé directement la mémoire de cette Loi,
eft *folvi quadrantem juſſerat*. La
difficulté roule fur le mot *qua-*
drans, que la plûpart des Inter-
prétes expliquent *le quart du ca-*
pital, au lieu que M. de Montefquieu l'entend du *quart de*
l'intérêt accoutumé & reçu. Cet
intérêt étoit douze pour cent par

an, dont le quart eſt trois pour
cent. Mais comment Patercu-
lus auroit-il traité cette Loi de
honteuſe & infâme, *turpiſſimæ
Legis*, ſi l'objet en eût été de réduire l'intérêt à trois pour cent?
Au lieu que cette qualification
lui convient parfaitement, ſi elle
permettoit au débiteur de s'ac-
quitter en payant le quart de la
ſomme principale qu'il devoit,
puiſqu'alors elle autoriſoit une
banqueroute univerſelle. En ſecond lieu, il eſt vrai que l'expreſſion *quadrantes uſuræ* ſigni-
fie l'intérêt à trois pour cent;
mais je ne crois pas qu'il y ait
aucun exemple du mot *quadrans*
tout ſeul pris en cette ſignifica-

tion. Enfin, un paſſage de Sal-
luſte, dans l'hiſtoire de la guerre
de Catilina, décide la queſtion :
Argentum ære ſolutum eſt, diſent
les Députés de C. Mallius à
Q. Marcius Rex : c'eſt-à-dire,
celui qui devoit un ſeſterce,
(monnoie d'argent,) s'acquitta
en payant un as, (monnoie de
cuivre.) Or l'as étoit le quart du
ſeſterce.

Il me reſte à prouver que Mr.
de Monteſquieu n'a point ſû
quel homme c'étoit que l'auteur
de la Loi dont il s'agit. C'eſt
ce qui paroît premierement par
l'expreſſion dont il ſe ſert, *ſous
Sylla*. Valerius Flaccus n'agiſ-
ſoit pas ſous Sylla. Au contraire,

il étoit un de ſes plus violens
ennemis. Il paſſa en Grece à la
tête d'une armée pour lui faire
la guerre, & il périt dans cette
entreprise mal concertée & mal
conduite. En ſecond lieu, entre
les raiſons que M. de Monteſquieu allégue dans la note *h*,
pour réfuter le ſentiment commun ſur l'interprétation de notre Loi, il employe cette objection : *On fait*, dit-il, *le Conſul
Valerius auteur d'une Loi qu'auroit faite à peine un Tribun ſéditieux*. M. de Monteſquieu ignoroit donc que celui dont il parle
étoit un partiſan forcéné de Ma-
rius, autant & plus ſéditieux
qu'aucun Tribun.

Je me hâte de finir, & j'abrége autant qu'il m'est possible. J'ai pourtant encore quelques observations, que je ne crois pas devoir omettre.

Voici un passage de Tite-Live mal rendu & gâté. Cet Historien, au Liv. VI, n. 12, témoigne qu'il est embarrassé à expliquer où & comment les Volsques & les Eques, toujours battus par les Romains, trouvoient presque tous les ans de nouvelles troupes à opposer à leurs vainqueurs : » au lieu qu'aujourd'hui, » dit-il, le pays qu'ils ont habité » ne feroit qu'un désert, sans » quelques esclaves Romains ; » enforte qu'il n'y reste presque

Passage de Tite-Live mal rendu & gâté.

» plus d'hommes dont on puisse
» faire des soldats. . . «. *In eis lo-
cis quæ nunc, vix feminario exi-
guo militum relicto, fervitia Ro-
mana ab folitudine vindicant.*
Mr. de Montefquieu traduit :
» Dans ces contrées, qui ne fe-
» roient aujourd'hui qu'un dé-
» fert, fans quelques foldats &
» quelques efclaves Romains ».
L'idée de *feminarium* a échappé
au Traducteur, qui en conféquence fait dire une abfurdité à
fon original. Tite-Live n'affigne
point à ces contrées des foldats
pour habitans : mais il remarque
qu'il y refte un très-petit nombre
d'hommes dont on puiffe faire
des foldats, au lieu qu'autrefois

elles en fourniſſoient une multi-
tude innombrable.

M. de Monteſquieu traduit Paſſage de Strabon mal traduit. Strabon avec la même négligence. *Chez un peuple d'Arabie*,
dit-il, L. XXVI, c. 6, p. 147,
*le jour que le Roi montoit ſur le
trône, on donnoit des gardiens à
toutes les femmes groſſes du pays,
& l'enfant qui venoit le premier
au monde étoit le Prince hérédi-
taire.* Cette coutume eſt bien
étrange, & on ſeroit tenté de
la regarder comme incroyable.
Elle le devient un peu moins, ſi
on s'en tient à l'original, qui
parle non *de toutes les femmes
groſſes du pays*, mais de celles
des hommes illuſtres de la Nation.

Expreſſion louche ſur l'âge de Paul & d'Ulpien.

Qui croiroit que M. de Montesquieu, citant deux des plus célebres Auteurs du Droit Romain, s'explique de maniere à brouiller les idées de son Lecteur ſur l'âge où ils ont vécu ? *Paul, qui vivoit ſous Niger*, dit-il, L. XXVII, p. 173, *& Ulpien, qui étoit du tems d'Alexandre Sévere.* Si l'on ne ſe rappelloit pas dans le moment le peu de diſtance qu'il y a entre la mort de Niger & le regne d'Alexandre Sévere, ne penseroit-on pas que ces deux Jurisconsultes vivoient dans des tems différens ? Le fait eſt pourtant qu'ils ont été contemporains, qu'ils ont vécu ensemble, Aſſeſſeurs ensemble de Papinien, Préfet du Prétoire.

Pour ce qui est des Juifs, je m'étonne moins que notre Auteur en parle peu correctement. Il les méprisoit trop, pour daigner s'instruire curieusement de leur histoire. Mais au moins il leur devoit justice, & il a tort de les condamner pour une conduite dont ils se corrigerent. Il prononce ainsi son jugement, L. XXVI, c. 7, p. 149. *Ce fut une stupidité à cette Nation de ne se point défendre, lorsque ses ennemis choisirent le jour du Sabbat pour l'attaquer.* Rien n'est plus certain. Mais la vérité de l'Histoire demandoit que l'on

Injustice à l'égard des Juifs.

ajoutât que Mattathias délivra les Juifs de cette superstition funeste à leur sûreté, dans le tems d'Antiochus Epiphane; que la Nation profita de la leçon qu'elle reçut alors; & que depuis cette date elle ne fit plus difficulté de combattre, même aux jours de Sabbat, lorsque le besoin l'exigeoit. C'est ce qu'attestent l'Histoire des Machabées, Liv. II, ch. 2; & Josephe dans ses Antiquités, Liv. XII, ch. 8. Il est seulement vrai que les Juifs ne pousserent pas assez loin les conséquences de l'enseignement que Mattathias leur avoit donné. Ils se persuaderent qu'il ne leur étoit permis de combattre aux jours de de Sabbat, que lorſqu'ils étoient formellement attaqués ; & que ſi l'ennemi ne faiſoit que des mouvemens & des ouvrages qui tendiſſent à préparer & faciliter l'attaque, la loi ſévere du Sabbat les obligeoit de demeurer dans l'inaction. Cette perſuaſion leur nuiſit dans le ſiége du Temple par Pompée, comme le remarque Joſephe, Liv. XIV des Antiquités, ch. 8. Mais il n'en eſt pas moins certain que la cenſure de M. de Monteſquieu eſt injuſte dans la généralité. Il faut tout dire ; & l'omiſſion d'exceptions importantes eſt une faute contre l'Hiſtoire.

Par cette raiſon, je me crois

F

Calomnie de Zofime rapportée & non réfutée.

en droit de lui faire un reproche d'avoir indiqué la fable que Zofime a débitée touchant la converfion de Conftantin, fans avertir qu'elle eft démentie & détruite par des preuves hiftoriques. Zofime dit que ce Prince, qui, ayant eu le malheur de fe laiffer prévenir contre fon fils Crifpus par fa femme Faufta, avoit fait mourir ce fils innocent, & enfuite puni pareillement de mort la calomniatrice, troublé d'inquiétude & de remords, s'adreffa aux Prêtres Payens pour leur demander l'expiation de fon crime; & que fur la déclaration qu'ils lui firent, qu'ils ne trouvoient rien dans

leur Religion qui fût capable
d'expier un tel forfait, il recou-
rut aux Chrétiens, qui se mon-
trèrent plus traitables. Et telle
est, selon cet Historien, l'origine & l'occasion de la conver-
sion de Constantin au Christianisme. Ce récit est absolument
faux. L'Historien Sozomene l'a
réfuté il y a douze cens ans; &
de nos jours, M. de Tillemont.
Une observation bien simple
suffit pour le détruire. La con-
version de Constantin est anté-
rieure de quatorze ans à la mort
de Crispus. Cela posé, je dis
qu'il n'est pas permis de faire
mention du récit de Zosime,
sans observer qu'il est aussi faux

que méchant : & par conféquent M. de Montefquieu eft repréhenfible, lorfqu'il fe contente de dire, Liv. XXIV, ch. 13, p. 116, que ce récit eft *propre à envenimer les motifs de la converfion de Conftantin.* Ce filence eft fufpect, fur-tout fi l'on obferve que la mémoire du premier Empereur Chrétien eft odieufe à un certain ordre de perfonnes avec qui M. de Montefquieu n'a eu que trop de liaifons. Il ne déchire point la réputation de ce Prince, comme a fait depuis un Ecrivain qui n'a ni pudeur ni jugement ; mais il laiffe fur l'endroit le plus intéreffant de fa vie une tache qu'il pouvoit aifément faire difparoître.

Toutes les remarques que j'ai
données jusqu'ici roulent sur
l'Hiſtoire des anciens Peuples.
J'ai cru qu'il m'étoit permis de
parler de ce que j'ai étudié toute
ma vie. M. de Monteſquieu,
dans les derniers Livres de ſon
Ouvrage, s'attache à ce qui regarde les mœurs & les coutumes
apportées par les Francs dans
nos Gaules, & il avance bien
des choſes qu'il annonce lui-
même pour nouvelles & contraires aux façons communes de
penſer. Comme les Auteurs qu'il
cite me ſont peu familiers, la
prudence ne me permet pas de
me commettre ſur cette matiere
avec lui. Je dirai ſeulement que

Les fautes ſur l'antique ren-dent l'Auteur ſuſpect ſur le moderne.

F iij

ſes fautes d'exactitude, & ſes torts graves & nombreux ſur l'antique, le rendent ſuſpect ſur le moderne. Du reſte, je me renfermerai dans deux obſervations.

Paſſage de Tacite mal adapté au Gouvernement des François ſous la premiere race.

Dans la premiere, il s'agira d'un paſſage de Tacite, que Mr. de Monteſquieu adapte au Gouvernement des François ſous la premiere race de nos Rois. Tacite, *Mœurs des Germains*, n°. 7, dit que dans le choix de leurs Rois ils ſe déterminoient par la nobleſſe, & dans le choix de leurs Chefs par la vertu. „Voi-

Liv. XXXI, c. 1, p. 314.

„là, dit M. de Monteſquieu, les „Rois de la premiere race, & „les Maires du Palais „. Sur quoi j'obſerverai d'abord que notre Auteur auroit pû citer ici le Comte de Boulainvilliers, qui avoit eu cette idée avant lui. Je ne ſais ſi c'eſt une bonne recommandation pour cette idée, que d'avoir plû à un Ecrivain Romaneſque, qui, dans tout ce 'qu'il a donné ſur l'Hiſtoire de France, a commencé par faire ſon ſyſtême, ſauf à y accommoder enſuite les faits. Ce qui eſt certain, c'eſt qu'elle révolte toutes les notions les plus autoriſées.

Gouvernem. de la France, T. I, p. 28.

Selon le ſyſtême du Comte de Boulainvilliers, adopté par Mr. de Monteſquieu, les Rois des Germains étoient de ſimples Magiſtrats civils, qui préſidoient

F iv

aux tribunaux & aux assemblées de la Nation. Or je ne crois pas que dans toute l'Histoire du genre humain, soit ancienne, soit moderne, on trouve jamais les droits de la Royauté renfermés dans des bornes si étroites. Par-tout & toujours les Rois ont eu pour premier attribut le commandement militaire. Nos premiers Rois Francs, Clovis & ses fils & petits-fils, paroissent toujours à la tête des armées : & si les derniers Rois de cette race n'ont point exercé ce commandement, ce n'est pas qu'ils n'en eussent le droit; mais la captivité où les tenoient les Maires, les empêchoit d'en jouir.

D'un autre côté, les Maires du Palais n'étoient point par leur titre Généraux des armées. Leur premiere fonction, fuivant Mr. de Montefquieu lui-même, pag. 316, fut le gouvernement œconomique des maifons Royales. Ils n'étoient donc point ces *Ducs* ou Chefs dont parle Tacite. L'ambition les porta à envahir le commandement des armées : l'incapacité des Rois leur en offrit l'occafion : & les talens fupérieurs des Pepins les maintinrent dans un droit ufurpé. Voilà la caufe du changement arrivé dans le gouvernement François fur le déclin de la premiere race : caufe fimple & unie,

F v

fondée sur la nature, & qu'il ne faut point tirer par force d'un passage unique & mal interprété.

Je dis mal interprété : car il paroît que Tacite doit être ici expliqué & suppléé par Céfar, dont le récit est plus développé. Céfar témoigne qu'un Peuple composé de plusieurs cantons n'avoit point de Chef commun en tems de paix. Les cantons différens étoient régis par leurs Magistrats ou Princes, qui font probablement ceux que Tacite appelle Rois, & qui exerçoient dans la paix le pouvoir civil, en attendant que la guerre mît en activité leur pouvoir militaire. En guerre, tous les cantons qui

Lib. VI de B. G. c. 23.

compofoient un feul Peuple fe
concertoient; & entre les Rois,
Princes, ou Magiftrats qui gouvernoient chaque canton, ils fe
choififfoient un Général pour
commander toutes les forces de
la Nation réunie. Dans ce choix
ils fe déterminoient , comme
l'obferve Tacite, par la confidération de la valeur. Celui de
leurs Rois des divers cantons qui
paffoit pour le plus vaillant, de-
venoit Généraliffime, & toute la
Nation marchoit fous fes ordres; bien entendu que les troupes de chaque canton avoient
pour Commandant particulier
leur propre Roi. Ainfi dans les
armées Germaniques fe trou-

voient plufieurs Rois : & c'eft de quoi toute l'Hiftoire nous fournit des exemples. Mais ces Rois étoient commandés par l'un d'entre eux, & non par un Chef d'un grade inférieur : comme le fuppofe le fyftême de M. de Montefquieu.

Opinion mal fondée fur l'origine de la Loi qui regle en France la fucceffion au Trône.

Je ne puis être encore de fon avis fur l'origine qu'il donne à la Loi de l'hérédité mafculine de la Couronne de France. Il dégrade, ce me femble, cette origine, & lui ôte fa nobleffe, en la faifant dépendre de la Loi des Fiefs, dont elle n'eft, felon lui, qu'une branche & une fuite. Voici fes termes, Liv. XXXI, ch. 32, p. 352 : *La conftitution* des divers Royaumes de l'Europe a suivi l'état actuel où étoient les Fiefs dans le tems que ces Royaumes ont été fondés. Les femmes ne succéderent ni à la Couronne de France ni à l'Empire, parce que dans l'établiſſement de ces deux Monarchies, les femmes ne pouvoient succéder aux Fiefs : mais elles succéderent dans les Royaumes dont l'établiſſement suivit celui de la perpétuité des Fiefs. Il me ſemble que M. de Monteſquieu, dont les vues ſont ordinairement ſi élevées, ne remonte pas ici aſſez haut. Pour trouver l'origine de la Loi qui regle en France la ſucceſſion au Trône, il faut la chercher dans les mœurs des Nations Germaniques. Chez ces Nations guerrieres, le seul mérite honoré étoit celui de la bravoure & des armes. De là toutes les distinctions, toutes les prérogatives de puissance & de commandement, étoient réservées au sexe qui manie les armes. C'est sur ce pied que la Monarchie Françoise a été établie, & voilà pourquoi elle n'a admis que les seuls mâles à la succession au Trône. Dans la suite des tems, les mœurs s'étant adoucies, les femmes acquirent plus de considération. La tendresse paternelle fut révoltée d'une Loi qui privoit une fille chérie de la succession de son pere. Les Mo-

narchies qui se font établies dans
ces tems d'adouciffement introduit dans les mœurs, en ont
fuivi l'efprit, & font devenues
héréditaires pour les femmes.
Mais la Couronne de France a
confervé la nobleffe de fon inftitution primitive, & une Loi
de fucceffion qui préferve à jamais la Nation du danger de fe
voir gouvernée par un Prince de
race étrangere, & qui parfaitement claire & décidée, exclud
toute obfcurité, & tout conflit
de prétentions. Telle eft l'origine du droit qui fixe l'ordre de
la fucceffion à la Couronne de
France : droit dérivé des mœurs
anciennes, & non de la Loi des

Fiefs, dont M. de Montesquieu s'est plû à étendre les influences.

Je crois avoir prouvé que l'érudition de ce fameux Ecrivain n'est rien moins que sûre, & qu'en fait d'Histoire & d'interprétation des textes anciens, il est important de ne le pas prendre aveuglément pour guide, si l'on ne veut souvent s'égarer. La négligence & la précipitation ont nui à ce qu'il avoit acquis de connoissances en ce genre. Dans ce qui regarde les Sciences naturelles & mathématiques il y a plus, & je le soupçonne de n'en avoir été que médiocrement instruit. Il a pourtant voulu se donner aussi quelque part à cette

L'Auteur étoit peu instruit de ce qui appartient aux Sciences naturelles.

gloire. Quel moyen en effet de s'acquerir la réputation de grand Ecrivain, si l'on n'est Mathématicien ? Mais j'ose dire qu'il ne faut pas être habile dans les Mathématiques, pour s'appercevoir que M. de Montesquieu les manie maladroitement, & que peu façonné à l'armure guerriere, il auroit mieux fait de se contenter de la fronde du Berger.

Les occasions où il affecte le savoir mathématique ne sont pas fréquentes dans son ouvrage ; mais l'affectation est visible dans L. VII, ch. 1. le premier chapitre où il traite du luxe. Il y soumet le luxe au calcul, comme on calcule les dégrés d'accélération de vîtesse dans la chûte des corps graves. Je n'examine pas si son calcul est juste. Je dis seulement qu'il est déplacé & inutile.

Mais une faute grossiere, & qui ne peut venir que du peu d'habitude qu'avoit M. de Montesquieu avec les idées par lesquelles il vouloit briller, c'est que pour déterminer la proportion du cuivre à l'argent chez les Romains, avant la premiere guerre Punique, il dit que » le » cuivre étoit à l'argent comme » 960 est à 1 ». Il devoit dire, comme 1 est à 960. Il ajoute tout de suite, que parmi nous aujourd'hui le cuivre est à l'argent comme $73\frac{1}{2}$ est à 1, au lieu de

Liv. XXII, ch. 5, p. 55.

dire, comme 1 à 73 $\frac{1}{2}$. On pourroit penſer que ce ne ſont-là que
des fautes d'impreſſion, & d'a-
bord l'idée m'en étoit venue ;
mais lorſque j'ai vû au Livre ſuivant, ch. 12, pag. 68 & 69, de
ſemblables inverſions de termes
répétées juſqu'à trois fois dans
la détermination de la proportion de l'argent au cuivre, &
les rapports de 1 à 960, de 1 à
160, de 1 à 128, exprimés au
lieu de ceux de 960 à 1, de 160
à 1, de 128 à 1, il ne m'a plus
été poſſible de douter que la
faute ne vînt de l'Auteur, qui ſe
faiſoit un faux honneur d'employer un langage avec lequel il
n'étoit pas aſſez familiariſé.

Je remarquerai encore, comme vicieuſe en Aſtronomie, une expreſſion que je trouve pag. 35 du même T. II, Liv. XX, c. 8. *Si le Pilote*, dit M. de Monteſquieu, *eût toujours vû une étoile polaire.* L'étoile polaire eſt unique, & la plus voiſine de notre pole ſeptentrional. Il n'eſt donc pas·permis de dire *une étoile polaire*, comme s'il y en avoit pluſieurs.

C'eſt ainſi que ſe décele la vanité de l'Auteur, ſoit qu'il parle des choſes qu'il ne ſait pas, ſoit qu'affeſtant la gloire d'une courſe rapide, il traite négligemment celles qu'il ſait. Si dans des matieres qui roulent ſur des principes certains, clairs, & aifés à faifir, M. de Montefquieu fe trompe fi fréquemment, combien eft-il néceffaire de nous défier de lui, lorfqu'il manie la Métaphyfique & la Morale, fciences abftraites & délicates, où le faux eft fi fouvent très voifin du vrai, & où l'illufion d'une imagination forte & hardie a tant de pouvoir ?

§. II.

FAUX PRINCIPES en matieres de Métaphysique, de Morale, & de Religion.

Major rerum mihi nascitur ordo :
Majus opus moveo.

Exposition du sujet de cette seconde Partie.

JE VAIS considérer maintenant M. de Montesquieu comme Philosophe. C'est son attribut essentiel, & celui dont il se fait le plus d'honneur. L'érudition & la variété des connoissances ne font pour lui que des instrumens qu'il fait servir à une fin plus haute. Le Savant, en lui, n'est que l'aide & le ministre du Philofophe. Partout & dans chaque matiere qu'il traite, il s'efforce de remonter aux prémiers principes, & de faire fentir la liaifon des Loix & des Coutumes avec la nature de l'homme. C'eſt un Métaphyſicien en qui brille la fagacité, & qui fe fait admirer par l'élévation. Son ouvrage eſt, par fa nature, un ouvrage de Morale. Il la prend en grand. La fociété humaine en général, les fociétés des Peuples & des Nations, voilà les objets dont il s'occupe, & fur lefquels il donne des fpéculations neuves, hardies, qui ne peuvent partir que d'un efprit vigoureux, & qui laiſſent loin de lui le vulgaire.

Il feroit pleinement louable, s'il eût guidé les faillies de fon efprit par la fageffe, & s'il eût mis un frein à l'effor que prenoit fa raifon. C'eft ce qu'il n'a point fû faire, & il a augmenté le nombre des efprits fublimes, qui pour n'avoir pas connu, ou avoir fecoué le joug falutaire de la Révélation, fe font égarés fur les matieres les plus intéreffantes. Ce qu'il avoit de prudence & de fineffe, & il en avoit beaucoup, il l'a employé non à éviter l'erreur, mais à l'envelopper & à la mafquer : & c'eft ce qui rend plus dangereufe, comme je l'ai déja dit, la lecture de fon ouvrage.

Je

Je ne prétends point en donner ici une réfutation complette : c'est une entreprise qui passeroit mes forces. Je me propose seulement de présenter quelques réflexions qui puissent servir de préservatifs contre la séduction, & de recueillir un petit nombre d'exemples frappans des faux principes que l'Auteur de l'*Esprit des Loix* a voulu établir touchant la Loi naturelle, les mœurs, & la Religion. J'aurai grande attention à ne rien dire qui ne soit clair & bien prouvé ; & pour combattre M. de Montesquieu, j'emploierai souvent les armes qu'il me fournira lui-même.

On s'attendroit, dans un ou-

G

Système vi-
cieux sur la
Loi naturelle.
vrage. fur l'*Efprit des Loix*, à trouver le Droit naturel traité avec quelque étendue. M. de Montefquieu commence & acheve cette importante matiere en un chapitre, qui remplit un peu plus d'une page.

Il ne s'y prend pourtant pas par la voie la plus courte. Car

Liv. I, c. 2,
pag. 4.
pour connoître les loix de la Nature, il faut, felon lui, *confidé-rer un homme avant l'établiffe-ment des fociétés.* C'eft ce qu'il appelle, d'après Hobbes, *l'état de nature.*

Obfervons d'abord que ce pré-tendu *état de nature* eft une fup-pofition chimérique. Que l'on remonte, fi l'on veut, jufqu'à l'origine du genre humain : il faut trouver un premier homme & une premiere femme. Voilà une société aussi ancienne que l'espece humaine. Les enfans nés du premier homme & de la premiere femme ont augmenté & étendu cette société. Ainsi l'homme n'a jamais existé seul : & vouloir deviner ce que penseroit l'homme existant seul, c'est laisser le fait pour courir après une chimere. Hélas ! nous avons tant de peine à entendre ce qui est : pourquoi nous perdre dans la recherche de ce qui n'a jamais été.

C'est pourtant à cet état, à l'état de nature, forgé par l'imagination de Hobbes, & peut-être de quelques autres fpéculatifs, que M. de Montefquieu rapporte tout ce qu'il appelle *Loix de la Nature.* Toutes les Loix qui regardent l'homme en fociété, il les qualifie *Loix po-*

Ch. 3. *fitives* : langage vicieux, qui donneroit lieu de penfer que les Loix qui réglent le jufte & l'injufte, font l'ouvrage de la volonté des hommes. Ce feroit une erreur capitale, & à laquelle il fuffit ici d'oppofer cette belle maxime de M. de Montefquieu lui-même. *Dire qu'il n'y a rien*

Ch. 1, p. 2. *de jufte & d'injufte que ce qu'or-donnent & défendent les Loix po-fitives, c'eft dire qu'avant qu'on*

eût tracé de cercle tous les rayons
n'étoient pas égaux. Qu'il soit
donc conséquent., & qu'il ne
traite pas de *Loix positives* toutes les Loix qui se rapportent à
l'homme en société, & qui dé-
terminent par conséquent les
devoirs de l'homme à l'égard de
l'homme,

L'état de nature est une chi- Dieu n'y en-
mere & l'homme n'a jamais tre pour rien.
existé que vivant en société.
Mais enfin, puisqu'il a plû à
M. de Montesquieu de raisonner sur cette chimere, voyons
quelles Loix il donne à l'homme
considéré comme existant seul.
Il commence par exclure la plus
importante de toutes, mais qui

n'est pas, selon lui, la premiere dans l'ordre des Loix naturelles.

Ch. 2. C'est celle *qui en imprimant dans nous-mêmes l'idée d'un Créateur, nous porte vers lui. L'homme dans l'etat de nature,* ajoute-t-il, *auroit plutôt la faculté de connoître, que des connoissances. Il est clair que ses premieres idées ne seroient point des idées spéculatives : il songeroit à la conservation de son être, avant que de chercher l'origine de son être.* Que ces idées font basses, & affligeantes pour l'humanité ! Si M. de Montesquieu a du goût pour les chimeres, pourquoi choisit-il les plus tristes & les plus humiliantes ? Pourquoi veut-il que l'homme,

dès là qu'il vivroit seul, fût réduit à la condition des brutes,
& incapable de penser & de
réfléchir? Il sentiroit sa dépen-
dance, & par-là il seroit averti
qu'il ne s'eft point fait lui-
même. Il trouveroit autour de
lui, pour ses différens besoins,
des secours qu'il n'auroit point
faits : & qui osera dire qu'il n'en
concluroit pas qu'il existe un
Auteur de tant de biens ? Ces
idées font si simples, qu'on ne
peut, ce me semble, assurer
sans témérité, qu'elles ne vien-
droient point dans l'esprit de
l'homme, en quelque état qu'on
le place. Mais certains Philosophes de nos jours ont un goût

décidé pour dégrader l'homme, & pour réduire toutes fes facul-tés au fentiment.

Quoi qu'il en foit, car je n'in-fifte point fur ce qui feroit ar-rivé dans un état qui n'a jamais eu de réalité, il eft bien remar-quable que c'eft ici prefque le feul endroit de l'ouvrage de M. de Montefquieu où il foit quef-tion de Dieu : & c'eft pour lui donner l'exclufion, ou du moins pour le remettre à un tems qui ne viendra plus. Les Journaliftes de Trevoux ont eu grande rai-fon de dire, que le Livre de l'*Ef-prit des Loix* a un befoin abfolu d'un Supplément, favoir de la Sanction Divine, qui feule a la

Avr. 711,
1 vol. p. 848.

force de lier les consciences (a).
En effet, je ne vois nulle part
employé dans ce gros Livre le
motif de l'obéissance dûe au souverain Législateur. L'honnête

(a) Le passage est si beau, que je ne puis
m'empêcher de le transcrire ici. » Il nous sem-
» ble, disent les Journalistes, qu'on auroit pû
» & dû ajouter à l'*Esprit des Loix* un Sup-
» plément, dont ce Livre a un besoin absolu.
» L'amour de la patrie, le point d'honneur, la
» crainte des châtimens, voilà toutes les for-
» ces dont M. de Montesquieu, arme la législ-
» lation des Empires, selon les différentes for-
» mes qui caractérisent leur gouvernement.
» Tout cet appareil dont on soutient la législa-
» tion, se réduit donc à des moyens qui ne
» peuvent émouvoir que l'instinct national des
» Peuples, allumer l'ambition des Nobles, inti-
» mider l'audace des foibles. Il n'y a rien là qui
» puisse lier la conscience aux Loix, & étendre
» l'intérêt de les observer au-delà des limites
» où se renferme la durée de cette vie. Ces ap-
» puis n'étant qu'extérieurs & passagers, leur
» insuffisante est évidente, . . . Nous ne man-
» quons point d'Ecrivains qui ont élevé l'édi-
» fice de la législation sur des fondemens plus
» stables, & qui l'ont fortifié d'une Sanction
» Divine.

G v

même y entre pour peu de chose. L'utile est le moyen triomphant, & celui que l'on fait valoir dans toutes les occasions. Ce vice est d'autant plus repréhensible dans le Livre de l'*Esprit des Loix*, qu'outre l'exigence de la matiere, l'Auteur avoit devant les yeux des exemples, dont il s'est écarté volontairement. Non-seulement le Traité des Loix de Domat, Ecrivain rempli de Religion, mais les Prolégomenes de Grotius assignent aux Loix pour fondement & pour base, l'honnêteté morale, si vantée même par les Payens, & de plus la volonté Divine, dont l'impression est gravée au fond de notre être,

& qui s'eft manifeftée au dehors
par les faintes Ecritures (a).

(a) M. de Montefquieu n'a pas pû voir ce
qu'a écrit fur cette matiere M. le Chancelier
d'Aguefseau. Mais j'invite tout Lecteur, qui
admire de bonne foi l'Auteur de l'*Efprit des
Loix*, faute de fentir affez le faux de fes principes & les dangereufes conféquences qui en
naiffent, je l'invite à comparer l'ébauche im-
parfaite, groffiere, & irréligieufe, tracée par
celui ci, des *Loix de la Nature*, avec le Traité
fommaire *du Droit naturel* qu'a mis l'Ecrivain vraiment illuftre que je cite, à la tête de
fon *Effai d'une Inftitution au Droit public*.
Quelle différence, grand Dieu! Combien les
idées de M. d'Aguefseau font-elles non feulement plus pures que celles de M. de Montefquieu, mais plus nobles & plus élevées! Elles
joignent la fublimité à la fageffe. Elles font
droites & exactes, & en même-tems douces &
confolantes. Elles n'humilient l'homme que
pour le conduire à fa véritable grandeur. Jamais le bonheur n'y eft féparé de la perfection.
Les devoirs de l'homme envers Dieu y font
donnés pour appui & pour origine à fes devoirs envers foi-même & envers fes femblables. J'ofe dire qu'il n'eft pas poffible de faire
la comparaifon des deux morceaux dont je
parle, fans être frappé de la fupériorité infi-
nie qu'a le Philofophe Chrétien fur celui qui
ne fuit que fa raifon aveugle.

G vj

Idée baſſe de l'humanité.

Pourſuivons, & puiſque les devoirs envers ſon Créateur n'occuperoient point l'homme de **M. de** Monteſquieu, voyons quelles Loix lui ſeront preſcrites par la Nature. La paix, en vertu du ſentiment de ſa foibleſſe, le deſir de pourvoir à ſes beſoins corporels, l'union des deux ſexes, le deſir de vivre en ſociété : voilà toutes les Loix naturelles que reconnoît notre Auteur.

Je demande en quoi l'homme qui ne connoîtra que ces Loix différera de la brute, ſi ce n'eſt peut-être par l'amour de la ſociété, dont on voit néantmoins des traces très marquées dans pluſieurs eſpeces d'animaux ? On

sens bien que je n'ai pas dessein
de nier les Loix établies ici par
M. de Montesquieu. Ce n'est pas
dans ce qu'il énonce qu'il est repréhensible, c'est dans ce qu'il
omet, c'est dans le silence qu'il
garde sur l'usage que l'homme,
en toute hypothese, est obligé
de faire des facultés de son ame,
& sur les devoirs de la créature
envers son Créateur. Mais ce
que dit M. de Montesquieu touchant la paix, premiere Loi de
l'homme considéré avant l'établissement des sociétés, mérite
d'être pesé avec quelque attention.

On voit qu'il a voulu se dis-   Etat de
tinguer de Hobbes, Ecrivain   guerre.
justement décrié, qui a posé

l'état de guerre pour premiere
Loi de l'homme. Mais admirons
quelle diſtance il met entre lui
& ce Philoſophe miſanthrope
Ch. 2. & atrabilaire. Selon M. de Monteſquieu, l'état de guerre n'eſt
point dans l'homme conſidéré
en ſolitude, mais il naît avec
l'établiſſement des ſociétés. Dès
ce moment il ſubſiſte, non ſeulement de Nation à Nation,
mais de particulier à particulier.
En vérité, M. de Monteſquieu
ne cherche ici qu'à jetter de la
poudre aux yeux, & à échapper
aux regards d'un Lecteur peu
attentif. Il feint de s'écarter de
Hobbes, mais c'eſt pour s'y réu-
nir dans l'inſtant. Je m'en étonne d'autant plus, qu'un ſyſtême

fi odieux s'accorde peu avec les qualités de l'efprit & du cœur de l'Auteur de l'*Efprit des Loix*. Partout ailleurs il montre de l'équité & de la douceur. Ses principes fur la modération des peines qui doivent être infligées même aux criminels, fur l'origine du droit d'efclavage, fur l'étendue des droits de la guerre, font pleins d'humanité. Pourquoi peint il avec de fi noires couleurs la premiere origine des chofes? Pourquoi fuppofe-t-il les hommes uniquement méchans?

C'eft n'envifager qu'un côté de fon objet, que de regarder l'homme comme uniquement méchant, uniquement occupé de fon intérêt propre, qui fait fa loi, fon droit, fa raifon. Cette difpofition eft dans l'homme, mais elle n'eft pas l'homme entier. L'homme a la connoiffance du vrai, la connoiffance & le fentiment du jufte. Il n'eft perfonne, comme le remarque fort bien Ciceron, au Livre *de Amicitia*, qui voyant ou entendant raconter une action d'équité envers autrui, aux dépens de l'utilité de celui qui agit, une action de bienfaifance, de reconnoiffance, de générofité, n'en conçoive de l'eftime, & même de l'admiration fi elle eft héroïque, & qui ne fe fente porté à aimer celui qui l'a faite. Les hommes apprécient très bien les actions des autres hommes (*a*), lorsqu'ils n'y ont point d'intérêt. Ils condamnent celles qui tendent à nuire, & ils louent celles qui procurent le bien, soit de la société, soit de quelqu'un des citoyens, soit même d'un homme, quel qu'il soit, totalement inconnu, & éloigné d'une distance soit de mille lieues, soit de mille années. Bien plus, ils se rendent justice à eux-mêmes. Ils s'approuvent, lorsqu'ils ont bien fait; &

(*a*) M. de Montesquieu dit quelque part, (T. II, pag. 129.) *Les hommes, fripons en détail, sont en gros de très honnêtes gens.* Cet énoncé, injurieux à l'humanité, n'est pas même philosophique. Il n'exprime ni la vérité du fait, ni sa cause.

ils se condamnent, quand ils ont
commis une mauvaise action. Il
est vrai que si le jugement qu'ils
portent d'eux-mêmes est désa-
vantageux, ils ne le manifestent
point au dehors : il est même
vrai que ce jugement est quelquefois altéré par les passions.
Mais lorsque l'ame ne s'est point
endurcie par l'habitude du crime, ou si le crime est trop noir
pour être susceptible d'aucun
palliatif, la conscience parle, &
le coupable est lui - même son
juge & son bourreau.

Rien ne rend plus manifeste
l'hommage que le vice rend,
malgré lui, à la vertu, que la dis-
position où est tout méchant,

s'il lui etoit également aifé de parvenir à ce qu'il fouhaite par des moyens honnêtes comme par des voies criminelles, de préférer le chemin qui lui eft ouvert par la loi de la vertu. Vous ne trouverez perfonne, dit Séné- Sen. de Dec. que, qui n'aimât mieux jouir du L. IV, c. 17. fruit du crime fans commettre le crime. Ce fcélérat dont le métier & la fubfiftance eft de voler fur les grands chemins, & de tuer les paffans pour les piller, aimera mieux trouver l'or qu'il fouhaite, que de l'enlever par la force & par le meurtre. Preuve évidente que le jufte & l'honnête a un prix & un mérite fubftantiel, qui fe fait rechercher par

lui-même, & qui brille aux yeux
des ames les plus vendues à l'in
justice & au crime.

Il n'est donc pas vrai que
l'homme soit purement mé
chant; & tout systême qui part
de ce principe, manque le but
& porte à faux. Le vrai systême
sur l'homme doit le supposer mi
parti : d'une part, connoissant
le bien & incliné à l'aimer, je
dis le bien en soi, le bien indé
pendant de son intérêt person
nel ; & de l'autre, portant au
fond du cœur un penchant fu
rieux à rapporter tout à soi-
même. L'expérience nous admi
nistre la preuve, comme on l'a
vû, de ce double fait ; & l'on ne

soit jamais confidérer l'un fans l'autre. Ce feroit fe tromper que de confidérer l'homme comme purement bon : & c'eft fe trom-per d'une maniere égalemene odieufe & funefte, que de le traiter comme purement mau-vais.

Il n'eft donc pas vrai que les hommes foient par leur nature dans un état de guerre, qui n'at-tende pour fe manifefter que l'occafion. Ils y ont une tendan-ce, mais combattue par la con-noiffance de l'honnête, & par une inclination naturelle à s'ai-mer. Quelques uns font préva-loir le penchant au bien : & ce font les bons, qui font très rares. D'autres se livrent sans mesure au penchant au mal : & ce sont les méchans, dont le nombre n'est gueres plus grand. Le commun roule dans un certain milieu, flottant entre le bien & le mal, obéissant tantôt à l'un des deux penchans de la nature, tantôt à l'autre. Dites aux hommes ainsi constitués : vous êtes tous mauvais & mal-faisans par nature, tous en état de guerre. Un tel discours ne seroit pas seulement contraire à la vérité, mais pernicieux à la société humaine, dont il invitera tous les membres à se livrer au mal, pour lequel on leur dit qu'ils sont nés. Au contraire un Législateur sage dira aux hommes : vous êtes faits pour la société , & vous avez dans le cœur un attrait vers le juste & l'honnête , qui en sont le lien ; mais vous avez aussi un penchant à l'amour désordonné de l'intérêt propre , qui en est le venin. Fortifiez ce premier penchant ; combattez l'autre. Les avantages de la société sont pour ceux qui suivent le premier , ou du moins dont les écarts sont rares & médiocres ; & les supplices pour ceux qui se livrent à l'autre jusqu'aux derniers excès. Voilà une Législation , qui en même tems qu'elle se fondera sur le vrai , sera avantageuse au maintien de la société humaine,

Le Droit des Gens mal défini.

Le Droit des Gens ne devoit pas être mieux traité par M. de Montesquieu que le Droit naturel, avec lequel il a tant d'affinité. Aussi n'occupe t-il dans le Livre de l'*Esprit des Loix* que quatre lignes, qui le défigurent en prétendant le définir. *Le Droit des Gens*, dit notre Auteur, Liv. I, ch. 3, p. 5, *est naturellement fondé sur ce principe que les diverses Nations doivent se faire dans la paix le plus de bien, & dans la guerre le moins de mal qu'il est possible, sans nuire à leurs véritables intérêts.* Eh quoi ! l'intérêt est donc la mesure du bien & du mal que les Nations doivent se faire les unes

unes aux autres ! La raison, l'é-
quité, la justice, sont donc des
motifs inconnus entre elles, &
de nul usage ! C'est là réduire le
Droit des Gens au Droit du plus
fort : c'est par conséquent l'a-
néantir. Il est vrai que dans le
fait les Etats se conduisent communément suivant le principe
de M. de Montesquieu. Mais le
fait n'est pas le droit : & il ne
convient pas à la Législation de
prendre dans ce qui se fait, la
regle de ce qui doit se faire.

Il est permis de dire, avec Grotius, que l'utilité générale de la
société des Nations est l'objet
du Droit des Gens ; parceque
cette utilité commune ne peut

Proleg. art. 17.

H

s'obtenir que par l'obſervation des Loix primitives du Droit Naturel. Mais réduire le Droit des Gens à l'intérêt particulier de chaque Nation, c'eſt la même choſe que ſi l'on réduiſoit le Droit Civil à l'intérêt particulier de chaque Citoyen.

On me dira peut-être que M. de Monteſquieu n'a pas donné nûment pour baſe au Droit des Gens l'intérêt de chaque Nation, mais ſes *véritables intérêts :* ce qui adoucit ſon expreſſion, J'en conviens : & telle a été ſans doute l'intention de l'Auteur ; qui a voulu rendre ſa propoſition moins révoltante. Mais il n'explique point quels ſont ces *véri-*

tables intérêts, & par conséquent il en laiffe l'interprétation aux parties intéreffées. Affurément on n'entendra pas par *véritables intérêts* les droits de la raifon & de l'humanité. Jamais perfonne n'a parlé ainfi, & on en foupçonnera M. de Montefquieu moins qu'un autre.

L'Auteur de l'*Efprit des Loix* est fi laconique fur ce qui regarde le Droit Naturel, que fes fautes en cette partie ne peuvent pas être nombreufes. La matiere des mœurs me fournira une bien plus grande abondance de remarques ; & ma peine unique fera d'abréger. Car mon objet, comme je l'ai dit, n'eft pas

Morale vicieufe.

H ij

de relever tout ce qui prête à la censure, mais de préserver de la séduction ceux qui ne sont pas résolus à se laisser séduire, & de leur adminiftrer des preuves suffifantes pour les déterminer à une sage & néceffaire défiance.

Dans les principes affignés aux trois formes de Gouvernement,

Et d'abord je regarde comme contraire aux bonnes mœurs tout ce que M. Montefquieu entreprend d'établir touchant ce qu'il appelle les *principes* des différentes efpeces de Gouvernement. Je n'examine point fi le mot *principe* eft employé ici avec juftefle, & préfente une idée affez claire; fi celui de *reffort* ne vaudroit pas mieux. Un défaut de juftefle & de clarté dans l'em-

ploi d'un mot eſt un petit défaut dans un ouvrage qui four-
mille d'erreurs pernicieuſes. Laiſ-
ſons le mot, & examinons la
choſe.

M. de Monteſquieu ne compte Liv. II, c. 1,
que trois eſpeces de Gouverne- pag. 7.
ment, *le Républicain*, *le Mo-*
narchique, *& le Deſpotique*. C'eſt
encore ici une de ces diviſions
que l'on pourroit conteſter. Il
ſeroit aiſé de faire une diſtri-
bution plus exacte. Mais les
mœurs n'y ſont intéreſſées pour
rien. Ce ſont elles dont je fais
mon objet. Avançons.

Chacune de ces formes de Liv. III.
Gouvernement a ſon *principe* ou
reſſort, aſſigné par notre Auteur.

H iij

Il donne pour principe au Gouvernement Républicain, *la vertu* ; à la Monarchie, *l'honneur* ; à l'Etat defpotique, *la crainte.*

C'eft à tort que la vertu eft donnée pour principe au feul Gouvernement Républicain.

C'eft ici que je l'arrête. Attribuer *la vertu* pour principe à une efpece de Gouvernement privativement aux autres, c'eft une façon de parler & de penfer fcandaleufe, qui méconnoît les droits univerfels de la vertu fur toute l'humanité, qui réduit la vertu à n'être plus qu'un devoir particulier à une certaine efpece d'hommes, & non un devoir général que tous les hommes aient à remplir.

Ce langage eft nouveau : & c'eft M. de Montefquieu lui-même qui en fait la remarque. *Les Politiques Grecs*, dit-il, *Liv. III, ch.* 3, *p.* 20, *ne reconnoiſſoient d'autre force qui pût les ſoutenir, que celle de la vertu.* Quelle honte, que de ſimples Philoſophes, éclairés ſeulement par les lumieres de la raiſon, aient mieux connu les droits & la puiſſance de la vertu, qu'un Ecrivain né dans le Chriſtianiſme, & qui pouvoit s'aider du ſecours de la morale Evangélique!

Mais je prens les choſes trop en rigueur. La différence des ſituations politiques a produit la différence des langages. Les Grecs vivoient, dit M. de Monteſquieu, *dans le Gouvernement*

H iv

populaire, dont le reſſort eſt la vertu : au lieu que nous vivons ſous une Monarchie , dont le principe eſt l'honneur. Frivole diſtinction ! Si les anciens Politiques n'euſſent donné tant d'influence à la vertu dans le gouvernement des hommes, que parce qu'ils vivoient dans un état populaire, ils l'auroient dit. Platon & Ariſtote avoient aſſez d'eſprit pour ſentir par quel motif ils ſe déterminoient, & pour ne pas prendre le change, en matiere importante & réfléchie, ſur l'origine de leurs façons de penſer. La pente même naturelle de leurs cœurs, Républicains comme ils étoient, ne de-

voit pas les porter à décorer la
Monarchie du même principe
de vertu qui doit être l'ame des
Républiques. Elle les auroit con-
duits à un système semblable à
celui de M. de Montesquieu.
Pourquoi donc cela n'est-il pas
arrivé ? Pourquoi les Politiques
Grecs ont-ils fait de la vertu la
force & le soutien de leurs Loix
dans toute espece de Gouvernement ? Disons - le hardiment ;
c'est qu'ils ont mieux connu que
M. de Montesquieu la puissance
& les droits de la vertu sur les
hommes : c'est qu'ils ont pensé,
avec raison, que la vertu peut
seule faire le bonheur & des Particuliers & des Etats ; & que le

H v

but de l'établissement des sociétés étant le bonheur de ceux qui
les composent, la base par une
conséquence nécessaire doit en
être la vertu.

Inutilement M. de Montes-
quieu appelle-t-il à son secours
nos Politiques modernes, *qui*,
dit-il, *ne nous parlent que de ma-*
nufactures , de commerce , de fi-
nances , de richesses , & de luxe
même. De deux choses l'une : ou
ces Ecrivains n'ont traité que
quelques branches du système
général de la Politique , & alors
l'on n'est en droit de leur demander que l'exactitude dans la
partie à laquelle ils se sont bor-
nés ; ou s'ils ont prétendu élever

l'édifice total du Gouvernement
sans le fondement de la vertu,
ils sont aussi coupables que M. de
Montesquieu ; ils partagent sa
faute, & ne la justifient pas. Ap-
pliquons-leur à tous également
le mot d'Aristote : « Ceux qui   Polit. L. VII,
« font consister le bonheur pour   c. 2.
« eux-mêmes dans les richesses,
« pensent que l'Etat, pour être
« heureux, doit être riche ».

L'Auteur de l'*Esprit des Loix*   Fausse idée
est donc inexcusable d'avoir ré-   de la vertu.
fusé la vertu pour *principe* ou
pour ressort au Gouvernement
Monarchique. Mais il ne s'exprime pas même avec justesse,
lorsque plus libéral envers les
Républiques, il leur donne *la*

vertu pour principe. A entendre parler ainsi M. de Montesquieu, on croiroit qu'il a eu en vûe la vertu en général, la vertu essentielle, qui préfere en toute occasion l'honnête à l'utile, qui a pour base la justice, & pour compagne la douceur. On se tromperoit beaucoup. L'Auteur a soin de s'expliquer lui-même, & il déclare dans une note sur le chapitre 5, pag. 25, qu'il n'entend que *la vertu politique.* Dans le chap. 12 du Liv. V, pag. 40, il acheve d'éclaircir sa pensée. *La vertu dans une République,* dit-il, *est une chose très simple: c'est l'amour de la République.* Cette explication restreint beaucoup

l'expreſſion générale dont il s'é-
toit ſervi d'abord. L'amour de la
patrie eſt ſans doute une vertu,
& même une vertu féconde en
grandes actions. Mais elle n'eſt
point toute vertu. Elle eſt même
compatible avec l'injuſtice & la
cruauté envers ceux qui peuvent
nuire à la patrie, & alors elle
ceſſe d'être vertu. En tout cas,
elle n'eſt point cette vertu pure,
qui recherche l'honnête & le
juſte en ſoi. Elle ſubſtitue l'intérêt général à l'intérêt particulier : mais c'eſt toujours intérêt,
dont l'objet eſt l'utile. C'eſt donc
à tort que M. de Monteſquieu a
avancé, ſans reſtriction ni limi-
tation, que la vertu eſt le *prin-*

cipe, l'ame, le reſſort des Gouvernemens Républicains : & il
ſe contredit lui-même d'une maniere qui ne peut ſouffrir de juſte
défenſe.

L'honneur
mal à propos
donné pour
principe au
Gouverne-
ment Monar-
chique.

Mais ce qu'il dit des Monarchies eſt encore plus révoltant
& plus intolérable. Il en bannit
totalement la vertu, ſinon comme nuiſible, au moins comme
inutile. Quelles propoſitions que

Liv. III, c. 5,
p. 22 & 23.

celles-ci ! *Dans les Monarchies
la politique fait faire les grandes choſes avec le moins de vertu
qu'elle peut.... Les Loix tiennent
la place de toutes les vertus, dont
on n'a aucun beſoin.* Et à la page
24, ch. 6 : *L'honneur prend la
place de la vertu, & la repréſente*

partout. Et ce qui porte à son comble l'indécence scandaleuse de ces propositions, c'est que *l'honneur* dont parle M. de Montesquieu, est, selon lui-même, Pag. 25. *un faux honneur. L'honneur des* Liv. IV, c. 5, *Monarchies,* dit-il ailleurs, *est* pag. 34. *favorisé des passions, & les favorise à son tour.* Est-il possible d'insulter plus audacieusement toutes les regles des mœurs, & de les fouler aux pieds avec une licence plus effrenée?

M. de Montesquieu subor- Pag. 31. donne nettement la vertu aux loix de ce faux honneur. *Cet honneur bizarre,* nous dit-il, *fait que les vertus ne sont que ce qu'il veut, & comme il les veut : il met*

de son chef des regles à tout ce qui
nous est prescrit : il étend ou il
borne nos devoirs à sa fantaisie,
soit qu'ils ayent leur source dans
la Religion, dans la Politique,
ou dans la Morale. Voilà un dé-
nombrement complet, où rien
n'est omis : & l'Auteur étend ensuite & développe sa pensée par
des exemples. Que reste - t - il,
sinon d'effacer l'Evangile & toutes les Loix divines & humaines,
& de faire regner à leur place,
dans les Monarchies, le Code
du Point d'honneur ?

Et que l'on ne me dise point
que M. de Montesquieu ne prescrit pas ce qui doit être, mais
expose ce qui est. Improuve-t-il

ce qu'il expose ? Y applique-t-il
le remede ? Oppose-t-il la regle
à l'abus, la vertu au vice ? C'est
ce qu'il ne fait nulle part : &
cette omiſſion, comme je l'ai
déja remarqué, ce ſilence gardé,
en un très grand nombre d'oc-
caſions importantes, ſur ce qui
devroit être repris, eſt un des
grands dangers de ſon ouvrage.
L'approbation expreſſe du vice
révolteroit le Lecteur. L'expoſé
ſimple de ce qui eſt vicieux,
comme d'une choſe qui ſe pratique, comme d'une mode établie, le fait entrer dans les eſ-
prits ſans que l'on s'en apper-
çoive. L'Auteur de l'*Eſprit des
Loix* ne fait pas le rôle d'Hiſto-

rien, mais celui de Légiſlateur.
Il ne lui eſt donc pas permis de
donner de ſimples récits de ce
qui eſt condamnable : il eſt obligé de le condamner ; & s'il ne le
cenſure pas, il l'autoriſe. Quel
eſt le Duelliſte, qui ne ſe croie
appuyé dans ſa façon de penſer
& dans ſa conduite par M. de
Montesquieu, lorſqu'il l'entend

L. VI, c. 21, dire froidement, que *l'honneur*
pag. 93. *ſouvent exige ce que la Loi défend ?*

Il a bien ſenti lui-même qu'on
pourroit s'offenſer de l'excluſion
qu'il donne à la vertu par rapport aux Monarchies. Sur quoi
j'obſerverai d'abord qu'il craint
de bleſſer, non les regles des

mœurs , mais les perſonnes :
tant il eſt vrai que les intérêts
de la vertu le touchent peu.
Mais puiſqu'il craignoit d'offenſer ceux qui vivent ſous le Gouvernement Monarchique, il ne
devoit donc pas dire que *dans* Liv. III, c. 6,
les Monarchies on trouvera rare- pag. 14.
ment quelqu'un qui ſoit homme de
bien. Je ne crois pas que l'on
puiſſe avancer une propoſition
plus offenſante. *Je parle* , dit-il,
après tous les Hiſtoriens. Il auroit
peine à prouver cette aſſertion.
Tous les Hiſtoriens atteſtent les
vices des Cours. Mais je crois
pouvoir aſſurer qu'aucun Ecrivain, avant M. de Monteſquieu,
n'a dit qu'il eſt rare de trouver

dans les Monarchies un homme de bien. J'ajoute que les Historiens ne nous autorisent point à tirer des faits cette conclusion.

Pag. 23. M. de Montesquieu néantmoins entre en preuve. De la corruption des Cours, il infere celle des Peuples. *Il est très malaisé*, dit il, *que les principaux d'un Etat soient mal - honnêtes gens, & que les inférieurs soient gens de bien; que ceux-là soient trompeurs, & que ceux ci consentent à n'être que dupes.* Je ne prens point d'intérêt aux gens de Cour, dont l'Auteur décrit ici les vices avec toute l'énergie de son style. Mais je nie absolument la conséquence qu'il en tire par rapport aux inférieurs. Dans une grande Monarchie telle qu'est la France, combien se trouve-t-il de Citoyens qui ont très peu de rapports avec la Cour ? Je ne parle point du bas peuple. Mais la Magistrature, mais l'état Ecelésiastique, attachent un très grand nombre de personnes à des fonctions, qui, par leur nature, appellent & invitent à la vertu. Mais la Bourgeoisie offre des Citoyens que leur fortune met à l'abri des tentations de l'indigence, & que la modestie, dans laquelle il leur est permis de vivre, préserve des grandes séductions. C'est dans cet ordre médiocre que trouve un afyle la vertu bannie des Cours. Le fait eſt conſtant: & il ſuffit d'ouvrir les yeux, pour y appercevoir une foule d'exemples qui démentent la propoſition téméraire de M. de Monteſquieu; je veux dire un nombre très conſidérable d'hommes vertueux, qui le font, comme il a raiſon de l'exiger, avec l'intention de l'être.

Ch. 6, p. 24.

La vraie vertu eſt un reſſort néceſſaire en tout Gouvernement.

Rejettons donc hardiment le principe bizarre donné par M. de Monteſquieu au Gouvernement Monarchique, & rectifions l'idée de celui qu'il aſſigne au Gouvernement Républicain. Rétabliſſons la vertu dans ſes droits; je dis la vraie vertu, la vertu qui confiste en l'accomplissement de ses devoirs envers Dieu, envers soi-même, & envers ses semblables. Elle est le ressort que doivent tâcher de mettre en action tous les Législateurs, puisque, comme je l'ai déja dit, tout Gouvernement est établi pour procurer la félicité des Citoyens, & que la vertu est la voie qui mene à toute la félicité dont cette vie est susceptible.

Oui, je le répete, tout Etat, Républicain ou Monarchique, dans lequel la vertu seroit généralement pratiquée, ne pourroit manquer d'être florissant. Les familles, qui sont de petits Etats, deviennent floriſſantes lorſqu'elles ſont vertueuſes. C'eſt ce que les Politiques Grecs avoient ſenti, & c'eſt pour cela que dans toute leur légiſlation ils avoient eu pour point de vûe la vertu. Partout il faut être bon pere, bon fils, bon Citoyen, bon Magiſtrat : & la pratique de ces vertus, ſi elle devient générale, rendra heureuſes & les Monarchies & les Républiques.

Je n'en excepte pas même le Deſpotiſme, gouvernement abuſif en ſoi, & heureuſement inconnu dans nos climats. Je pourrois donc me diſpenſer d'en parler, & je trancherai la queſtion en très peu de mots. Ce Gouvernement

nement est vicieux essentielle-
ment , puisqu'il consiste dans
l'oppression de la liberté naturelle à tous les hommes. Mais
enfin , tel qu'il est, la vertu y seroit utile : dans les Princes, elle
rendroit les Peuples heureux :
dans les Peuples , elle rendroit
l'obéissance volontaire, & con-
séquemment stable, & elle pré-
viendroit les révolutions.

Je sais que M. de Montes-
quieu pense non seulement que
la vertu n'est point nécessaire
aux Esclaves, mais même qu'ils
n'en sont point susceptibles.
S. Paul ne pensoit point ainsi,
lui qui donnoit des avis aux Esclaves Chrétiens pour parvenir

P. 16 & 35.
Voyez encore
L. XV, c 1,
pag. 240 , &
L. XX, c. 3.

I

à la fainteté. La raifon fe range du côté de S. Paul. Toutes les vertus fociales font à portée de l'Efclave vis-à-vis de fes compagnons de fervitude : vis-à-vis de fon Maître, je vois la fidélité, l'attachement; & au contraire, la force de réfifter, fi on lui commande des chofes oppofées à la juftice, à la droiture, à la pureté des mœurs. En un mot, l'Efclave eft un être intelligent & raifonnable. Il a donc des devoirs à pratiquer; & s'il les pratique par de bons motifs, il eft vertueux. M. de Montefquieu ne le confidere que par fa qualité accidentelle & extérieure d'Efclave; & c'eft par cette raifon qu'il ne donne que la crainte pour *principe* au Gouvernement Defpotique. Mais cet Efclave eft un homme, & M. de Montefquieu a tort d'oublier cette confidération effentielle.

Jugeons maintenant fi l'Auteur de l'*Efprit des Loix* a dû s'applaudir, comme il fait dans fa Préface, de la découverte de ce qu'il appelle fes principes. *Quand j'ai découvert mes principes*, dit-il, *tout ce que je cherchois eft venu à moi.* Que pouvoit-il lui venir de principes fi vicieux & fi pervers, finon des conféquences fauffes, nuifibles à la fociété, & deftructives des mœurs? C'eft ce que je vais prouver , en difcutant la doctrine qu'il nous débite fur le luxe.

Egaremens de l'Auteur fur le luxe.

Cette doctrine peut d'abord fembler n'être pas aifée à définir. Elle réunit des propofitions très difparates , & qui paroiffent fe combattre & fe détruire mutuellement. D'une part, notre Auteur dit du luxe tout le mal que lui reprochent les Ecrivains de la morale la plus févere. *Le luxe eft banni des Républiques ,* dit-il, Liv. VII, c. 9, p. 103, *& avec lui la corruption & les vices.* C'eft déclarer bien nettement que le luxe eft le pere de toute corruption. Il renouvelle la même cenfure au ch. 13 du même Livre, p. 107. *L'incontinence publique ,*

dit-il, eſt jointe avec le luxe : elle
en eſt toujours ſuivie, & elle le
ſuit toujours. D'un autre côté, Liv. VII, ch. 4, p. 98.
ſelon lui, *le luxe eſt néceſſaire*
dans les Etats Monarchiques.
Pour que l'Etat Monarchique ſe
ſoutienne, le luxe doit aller en
croiſſant, du Laboureur à l'Arti-
ſan, au Négociant, au Noble,
aux Magiſtrats, aux grands Sei-
gneurs, aux Traitans principaux,
aux Princes : ſans quoi tout ſeroit
perdu. Eh quoi ! tout ſeroit perdu, ſi l'origine de tous les vices
étoit bannie d'un Etat, ſi l'on n'y
connoiſſoit point ce qui amene
l'incontinence publique, & qui
en eſt la ſuite & l'accompagne-
ment inévitable ! Où en ſommes-

I iij

nous ? & que deviennent les mœurs ? Ce ne font point là des paroles échappées inconfidérément à l'Auteur. Ce font des affertions réfléchies, & auxquelles il revient fans ceffe. Parmi *les biens fans nombre qui*, à fon avis, *réfultent de la vanité*, il compte pour le premier, & met en tête *le luxe. Les modes*, qui font une fi grande partie du luxe, *font données par lui pour un objet important.* Il pofe gravement ce principe, que je ne fais fi l'on doit recevoir avec plus d'indignation ou de rifée : *A force de fe rendre l'efprit frivole, on augmente fans ceffe les branches de fon commerce.* Belle compen-

Liv. XIX, ch. 9, p. 305.

Chap 8.

fation ! Le luxe lui tient fi fort au cœur, qu'il regrette que nous n'en ayons pas une hiftoire. *Ce feroit*, dit-il, Liv. XXI, ch. 6, p. 19, *une belle partie de l'hiftoire du Commerce, que l'hiftoire du Luxe.* Oui fans doute, pourvû qu'elle fût traitée felon les vrais principes, & que l'on fît fentir combien le luxe eft un plus grand fléau que la guerre. *Sævior armis luxuria.*

En lifant ces maximes de Mr. de Montefquieu qui canonifent le luxe, le premier objet d'étonnement eft fans doute leur étrange hardieffe. Mais je fuis perfuadé que l'on doit être auffi furpris de les trouver dans le

I iv

même Auteur qui condamne ailleurs le luxe avec tant de févérité. La contradiction frappe, & faute aux yeux.

Les partifans de M. de Montefquieu me diront peut-être que la contradiction n'eft qu'apparente, & qu'il eft facile de la lever. La morale févere qui profcrit le luxe eft pour les Républiques : celle qui l'autorife eft pour l'Etat Monarchique. Ainfi tout fe concilie.

Il réfulte de fa doctrine, que la morale varie fuivant les circonf- rances.

La réponfe eft jufte, & telle eft véritablement la penfée de l'Auteur. Mais qu'en réfulte-t-il, finon un inconvénient pire que la contradiction ? La morale change donc fuivant la diverfité des Gouvernemens. Ce qui est souverainement vicieux dans une République, devient donc non seulement licite, mais digne d'être pratiqué & recherché dans une Monarchie. La regle des mœurs n'est donc plus constante & uniforme pour tous les pays & pour toutes les Nations, mais variable suivant les circonstances, & dépendante de la constitution de chaque Gouvernement. Parler ainsi, c'est nier qu'il y ait une morale : c'est prendre pour Loi souveraine l'utile au lieu de l'honnête. La vertu n'est plus qu'un nom ; & le vice n'est plus blâmable en soi, mais uniquement évitable à raison des

I v

dommages qu'il est capable de causer.

Je suis fâché d'être obligé d'avouer que cette doctrine est celle de M. de Montesquieu, & qu'il la suit jusques dans les matieres les plus graves & les plus intéressantes pour la société. Il tonne contre l'incontinence publique, mais dans l'Etat populaire. *Il y a , dit-il , tant d'imperfections at-*tachées à la perte de la vertu dans les femmes, toute leur ame en est si fort dégradée, ce point princi-pal ôté en fait tomber tant d'au-tres, que l'on peut regarder l'in-continence publique, DANS UN ETAT POPULAIRE, comme le dernier des malheurs.* Il loue les

L. VII, c. 8,
p. 102.

Légiflateurs qui en *ont profcrit non feulement le vice, mais l'ap-parence même du vice.* Dans les Monarchies en fera t-il de mê-me ? Nullement. *L'honneur,* qui en eft le principe, *permet,* nous dit-il, *la galanterie, lorfqu'elle eft unie à l'idée du fentiment du cœur, ou à l'idée de conquête.* Auffi avoue-t-il crûment que *les femmes ont peu de retenue dans les Monarchies.* Bel éloge pour nos Dames Françoifes ! Et il ne con-damne point ce défaut prétendu de retenue. Il en parle comme d'un fait, dont il cherche la rai-fon. Si la vertu des femmes n'eft plus un devoir prefcrit par la Loi naturelle, mais une mode, con-

L. IV, c. 2; p. 30.

L. VII, c. 9; p. 102.

I vj

venable dans le Gouvernement
Républicain, inutile & même
déplacée dans le Monarchique,
que devient cette partie si importante de la Morale ! J'aurois
cru pouvoir appliquer à cette
matiere l'axiôme sublime, que
j'ai déja cité de M. de Montesquieu, touchant le juste & l'injuste. J'aurois dit volontiers, dire
que l'adultere n'étoit point vicieux avant que les Loix positives le défendissent, *c'est dire
qu'avant que l'on eût tracé de cercle, tous les rayons n'étoient pas
égaux.* Je me trompois : tout est
mode & préjugé. Que je crains
pour la différence entre le juste
& l'injuste ! Qui pourroit l'em-

pêcher d'avoir le même sort que la prohibition de l'adultere?

Ces conséquences naissent des principes de M. de Montesquieu. Aussi les admet - il lui - même, non pas en propres termes, mais en ménageant ses expressions, & en s'enveloppant dans un langage qui se fait entendre de ceux qui en ont la clef, sans effaroucher le commun des Lecteurs. Cet artifice est employé dans un chapitre du huitiéme Livre, dont voici le titre : *Effets naturels de la bonté & de la corruption des principes.* L'Auteur débute ainsi : *Lorsque les principes du Gouvernement sont une fois corrompus, les meilleures Loix deviennent*

Cette conséquence est admise équivalemment par l'Auteur.

L. VIII, c. 11, p. 118 & 119.

mauvaises, & se tournent contre l'Etat. Lorsque les principes en font fains, les mauvaises ont l'effet des bonnes, la force du principe entraîne tout. Il prouve fa propofition par deux exemples, dont le fecond eft tiré des exercices de la Gymnaftique, tels qu'ils fe pratiquoient chez les Grecs. Ces exercices, felon lui, produifirent les plus heureux effets, tant que la Grece conferva la bonté de fes principes. Lorfqu'elle les eut laiffé altérer, ils amenerent la lâcheté, la licence infâme des défordres contre nature. D'où l'Auteur conclut qu'*il y a peu de Loix qui ne foient bonnes, lorfque l'Etat n'a point*

perdu ses principes : c'eſt-à-dire ,
que pourvû que l'amour de la
patrie ſe conſerve dans les Républiques , & l'honneur, même
faux , dans les Monarchies , du
reſte il eſt aſſez indifférent que
les Loix ſoient bonnes ou mauvaiſes. Les mauvaiſes , telles que
les Loix de la Gymnaſtique chez
les Grecs , qui aſtreignoient les
combattans à ſe donner nuds en
ſpectacle à de nombreuſes aſſemblées , ſont entraînées par la force du principe vers le bien de
l'Etat.

On doit ſavoir gré à M. de
Monteſquieu d'avoir jugé mauvaiſes les Loix contraires à la
pudeur & à l'honnêteté publi-

que. Mais trouver bon qu'elles aient été pratiquées, quoique mauvaifes, en relever les avantages dans les heureux tems, qu'eft-ce autre chofe qu'annoncer l'indifférence pour le bon & le mauvais en foi, & apprécier tout ce qui fe pratique à raifon de l'utilité ou des inconvéniens qui en réfultent par rapport à l'Etat ?

On a beau invoquer l'autorité de Platon, qui, fuivant que l'obferve M. de Montefquieu, approuve nettement la nudité des Athlétes, & qui dit que lorfque l'on introduifit cette coutume dans la Grece la pudeur s'en allarma d'abord, mais qu'elle céda à l'utilité publique. Platon eſt un mauvais garant en cette matiere. Dans l'endroit même cité, il veut établir dans ſa Republique l'uſage de la nudité dans les jeux d'exercice, non ſeulement pour les hommes, mais pour les femmes & pour les filles : excès que M. de Monteſquieu n'a pas oſé même rapporter.

Me ſeroit-il permis néantmoins de hazarder un ſoupçon qui eſt fondé, & de dire que M. de Monteſquieu n'eſt pas ſévere ſur l'article de la pudeur des femmes ? Il parle de Lycurgue au ch. 6 du Liv. IV, pag. 35, & il loue ce Legiſlateur outre meſure ſur l'étendue de ſon génie dans la fingularité de fes inftitutions qui confondoient, dit-il, toutes les vertus, qui ôtoient même la pudeur à la chafteté. Le fait eft vrai : on fait que les filles Lacédémoniennes fe montroient fouvent en public dans un état très indécent. Cette licence n'attire aucune cenfure de la part de M. de Montefquieu, mais plutôt des éloges. *C'eft par ces chemins*, dit-il, *fi éloignés de la vraie vertu & de l'honnêteté des mœurs, que Sparte eft menée à la grandeur & à la gloire.* Je le répete : tout eft indifférent à l'Auteur de l'*Efprit des Loix*, excepté ce qu'il regarde comme le bien de l'Etat.

Ce n'est point ainsi que pense & s'exprime sur les mœurs Lacédémoniennes le sage Rollin. Dans son Histoire Ancienne, Liv. V, il donne un exposé assez étendu des Institutions de Lycurgue. Il y loue ce qui est louable : mais il ajoute un article sur ce qui est blâmable dans cette fameuse Législation ; & voici comment il s'explique sur les objets qui intéressent les mœurs. *Ce qui rend Lycurgue plus condamnable, dit-il, & ce qui fait mieux connoître dans quelles ténebres & dans quels désordres le Paganisme étoit plongé, c'est de voir le peu d'égard qu'il a eu à la pudeur & à la modestie dans ce qui regarde l'éducation des filles & les mariages :*

ce qui fut fans doute la fource de
défordres qui regnerent à Sparte
comme Ariftote l'a fagement ob-
fervé. Le refpect pour la vertu, &
l'attachement au Chriftianifme
ont dicté ce jugement. Que je
voudrois pouvoir en dire autant
de M. de Montefquieu !

Continence
d'Alexandre
tournée en
politique.

Mais celui-ci non feulement
ne condamne pas le vice : il ne
rend pas juftice aux actions de
vertu ; & s'il les loue en elles-
mêmes, il altere la pureté des
motifs. Tous les Ecrivains qui
ont parlé d'Alexandre, ont ad-
miré la conduite refpectueufe &
chafte qu'il tint à l'égard de la
femme de Darius, la plus belle
Princeffe qui fût alors ; & ils ne
lui ont point cherché d'autre

...otif que l'amour de la vertu.
...elon M. de Montesquieu, c'é-
...oit politique. Alexandre vou-
...oit gagner l'affection des Per-
...es ; & c'est ce qui fit, dit notre
...uteur, *qu'il marqua tant de res-* L. X, c. 13;
...ect pour la femme & pour la mere P. 146.
...e Darius, & qu'il montra tant
...e continence. Pourquoi dégra-
...er ainsi une si belle conduite ?
...st-ce que M. de Montesquieu
...e croyoit pas qu'il fût possible
...l'agir par un motif de vertu ?

Je ne puis comparer cette in- La rigueur à
...ustice contre la vertu, qu'à l'in- l'égard du crime contre na-
...dulgence du même Auteur par ture blâmée.
...apport à la peine qui doit être L. XII, c. 6;
...nfligée au crime contre nature. P. 190.
...Il le blâme sans doute, il le con-

damne, il le proscrit : mais il n
peut approuver qu'on le puniff
de la peine du feu. S'il se con
tentoit d'exiger que le crime fû
bien prouvé, avant que l'on en
voyât le coupable au supplice
il ne diroit rien que de juste &
de raisonnable. Mais en suppo
sant la preuve du fait une foi
bien établie, la qualité du crim
ne connoît point de supplic
trop rigoureux.

La question de la poly-
gamie trai-
tée cavalie-
rement.

L'indifférence de M. de Mon
tesquieu pour toute regle de
mœurs est si parfaite, qu'il n
craint point de mettre pour titr
à la tête d'un chapitre : *La Lo*

L. XVI, c. 4,
p. 260.

de la Polygamie est une affair
de calcul. Mais quoi ! si la poly-

gamie eſt contraire à l'inſtitution de la Nature, ſi l'Evangile a condamne, ſi elle bleſſe les intérêts des mœurs, ne ſera-t elle point une affaire de Religion & de Morale ? Non : ce qui décidera la queſtion, c'eſt le rapport du nombre des garçons qui naiſſent dans un pays au nombre des filles. Si les deux nombres ſont à peu près égaux, la polygamie ne ſera point pratiquée. Si le nombre des filles ſurpaſſe celui des garçons, un mari aura pluſieurs femmes ; &, ce qui eſt bien plus étrange, s'il naît plus de garçons que de filles, une femme aura pluſieurs maris.

Jamais perſonne n'a traité

cette queftion fi cavalierement.
Les exemples de quelques-uns
des faints Patriarches, & divers
textes de l'Ancien Teftament,
ne permettent pas de regarder
la pluralité des femmes comme
abfolument contraire à la Loi
naturelle. Mais je ne crois pas
qu'aucun Jurifconfulte ait parlé
de la pluralité des maris comme
d'une pratique tolérable : & l'autre efpece de polygamie, peu
approuvée des Grecs & des Romains, & rejettée par eux dans
la pratique, a été jugée par tous
les Chrétiens unanimement peu
conforme à l'inftitution primitive du mariage, & totalement
interdite depuis l'Evangile. Il
étoit

Grot. de Jur.
Bell. & Pac.
II. 5.

étoit réfervé à M. de Montefquieu d'apprendre au genre humain, qu'en tout genre de polygamie le calcul donnoit la folu-
tion du problême.

Il eft pourtant vrai qu'il n'autorife pas par une approbation
expreffe la pratique de la polygamie. Il en fait même la déclaration. *Dans tout ceci*, dit-il,
*je ne juftifie pas les ufages, mais
j'en cherche les raifons.* Il ne les
juftifie pas, mais il ne les condamne pas ; & dès-lors il ne peut
lui-même fe dérober à la cenfure. Il ne lui eft point permis ,
comme je l'ai obfervé ailleurs,
de parler de ce qui eft condamnable fans le condamner. Il ne

K

juftifie pas la polygamie ; mais il
fupprime les raifons qui la condamnent , & il préfente celles
qui peuvent paroître à certains
efprits lui donner une couleur
de probabilité.

Tout ce qu'il dit fur cette
matiere eft enveloppé & tor-
tueux. On fent un Ecrivain qui
cache fa marche, & qui évite de
s'expliquer nettement. Au chapitre 6 , il marque les inconvéniens qui naiffent de la polygamie. Selon lui , elle n'eft utile ni
au genre humain , ni à aucun
des deux fexes , ni aux enfans.
*La pluralité des femmes mene à
cet amour que la Nature défa-
voue.* Que refte-t-il donc, finon

Pag. 261.

de la proscrire ? Non. Il est *des circonstances qui peuvent la faire un peu tolérer.* Qu'annonce cet embarras d'expressions, sinon une maxime que l'on n'ose exprimer dans ses propres termes, mais qui sera bien comprise par le Lecteur intelligent ? L'homme sage suivra la mode du pays où il se trouve. En Europe il se gardera bien d'entreprendre d'épouser plusieurs femmes : en Asie il ne s'en fera aucun scrupule. *La Loi de la polygamie est,* pour lui, *une affaire de calcul.* Tout le reste n'est que préjugé.

Concluons que tout ce qu'on appelle règle des mœurs est chose très indifférente pour M. de

K ij

Montefquieu. En fera-t-il de même de la Religion ? C'eft ce qui me refte à difcuter.

Atteintes portées au dogme de l'immatérialité de l'ame. La Morale détruite eft déja une grande breche faite à la Religion. Nulle Religion ne peut fubfifter fans la Morale, & la vraie moins qu'aucune autre. La vraie Religion préfente à la Morale une fin plus élevée, elle la confacre par la fainteté des motifs, & elle l'appuie fur la bafe folide d'une digne récompenfe. Elle la fuppofe donc, ou elle l'introduit; & une Religion qui feroit étrangere à la Morale, ne mériteroit d'être regardée que comme une vaine & miférable fuperftition.

Puifqu'il eft de l'effence de la

vraie Religion d'assurer une récompense à la vertu, & que les
faits nous prouvent journelle-
ment que la vertu n'est pas ré-
compensée en cette vie, le dogme d'une vie future est essentiel
à la Religion : & tout ce qui
porte atteinte à l'un, attaque &
ébranle l'autre. La Religion est
donc nécessairement liée avec
le dogme de l'immatérialité de
l'ame, que suppose l'existence
d'une autre vie. C'est un dogme
fondamental, dont la ruine en-
traîneroit celle de la Religion,
& que l'on ne peut blesser sans
que la Religion en ressente le
contrecoup.

Or maintenant, M. de Montefquieu a-t-il affez refpecté, dans fon ouvrage, le dogme de l'immatérialité de l'ame? Je fais qu'il ne la nie formellement nulle part. Il parle communément le langage de l'orthodoxie fur ce point capital : il ne confond point l'ame avec le corps ; & il s'exprime fur les propriétés & les fonctions des deux parties de nous-mêmes , comme les tenant pour diftinctes & différentes entre elles. Mais tout le monde a remarqué que la maniere dont il s'explique touchant la force du climat & fon influence puiffante fur les mœurs & fur toutes les fonctions fpirituelles, femble fuppofer l'ame corporelle, & sujette comme les corps aux loix physiques de la communication des mouvemens. Tous les Lecteurs religieux en ont été scandalisés : & il faut avouer que le scandale qu'ils ont pris est fondé dans le texte de l'*Esprit des Loix*. Rapportons-en les propres paroles.

Dans le ch. 2 du Liv. XIV, M. de Montesquieu explique les différens effets du froid & du chaud sur le corps humain, avec un appareil de langage physicien, qui n'est pas toujours, si je ne me trompe, bien correct, & qui sûrement est déplacé dans un ouvrage tel que le sien, & décele plus la vanité de l'Auteur,

Doctrine dangereuse sur la force du climat.

K iv

qu'il ne prouve fon favoir. Il obferve que le froid donne de la
force au corps, & que le chaud
l'affoiblit. Puis il ajoute, p. 226,
en parlant des habitans du climat froid : *Cette force plus grande
doit produire bien des effets.* On
s'attendroit à trouver ici des effets phyfiques. Point du tout, ce
font des effets purement moraux.
*Plus de confiance en foi-même,
c'eft-à-dire, plus de courage ; plus
de connoiffance de fa fupériorité,
c'eft-à-dire, moins de defir de la
vengeance ; plus d'opinion de fa
fûreté, c'eft-à-dire, plus de fran-
chife, moins de foupçons, de politique, & de rufes. Enfin, cela
fait des caracteres bien différens.*

Voyez comme le moral eſt lié bruſquement au phyſique, ſans milieu, ſans précaution, comme s'il en dépendoit, & qu'il en reçût directement l'influence. Parleroit-on autrement d'une pure machine ? Ne ſemble-t-il pas que l'Auteur vous explique comment par l'action du froid le reſſort d'une montre eſt bandé, les huiles figées, le mouvement accéléré, & la montre avance. Auſſi M. de Monteſquieu emploie ſans détour le mot *machine*, en parlant de l'homme. *Dans les pays du Midi*, dit-il, pag. 228, *une machine délicate, foible, mais ſenſible, ſe livre à l'amour..... Dans les pays du*

K v

Nord, une machine saine & bien conformée, mais lourde, trouve ses plaisirs dans tout ce qui peut remettre ses esprits en mouvement, la chasse, les voyages, la guerre, le vin. Quel langage ! N'est-ce pas là faire de l'homme un automate ? On ne peut pas douter que M. de Montesquieu ne sentît la force des expressions dont il se servoit. Pourquoi donc ne les a-t il pas évitées ? Pourquoi ·t il cumulé le scandale en multipl..t les propositions de ce genre, · vantant *le bon sens attaché aux* ·hres *grossieres des climats du Nor..* pag. 229 ; en s'écriant, lorsqu'il ·rle de la douceur des mœurs In. ·nnes, pag. 239 : *Heureux climat ! qui fait naître la candeur des mœurs & produit la douceur des Loix ;* comme qui diroit : Riche climat, qui produit la canelle & le gingembre. Nous verrons dans la fuite que, felon lui, la Religion même dépend du climat & en reçoit la loi. Eriger ainfi le climat en fouverain modérateur de l'humanité, & le donner pour caufe directe & efficiente de ce qu'il y a de plus fpirituel dans l'homme, c'eft autorifer le fyftême de l'*Homme machine*, c'eft fuppofer l'ame purement matérielle, ce qui emporte l'anéantiffement de toute Religion.

Dirons-nous donc que M. de

K vj

Montesquieu nie l'immatérialité
de l'ame? Non pas absolument:
l'accusation est trop grave pour
qu'il nous soit permis de l'inten-
ter contre aucun Ecrivain , à
moins qu'il n'exprime directement cette impiété : ce que n'a
point fait l'Auteur de l'*Esprit
des Loix*. Mais nous dirons qu'il
a tenu sur l'ame un langage qui
favorise l'erreur capitale de ceux
qui la croient pure matiere : &
nous ajouterons que M. de Montesquieu , homme d'un esprit su-
périeur , n'a pas pû ne pas sentir
la portée de ses expressions. D'où
il s'ensuit qu'en les employant
il donne de justes soupçons contre lui-même, & tend un piége

à la bonne foi de ceux qui le li-
fent fans précaution.

Et il ne faut pas répondre qu'il Réponse aux vaines apolo- gies fur cette doctrine. apporte ailleurs de fuffifans correctifs, en fuppofant la diftinc-
tion de l'ame & du corps, & en
attribuant les fonctions fpirituelles à une fubftance, & les
corporelles à une autre. Outre
qu'il ne s'exprime jamais avec
cette énergie, l'excufe, quand
le fait feroit vrai, n'eft pas re-
cevable, par une raifon bien
fimple. Le langage de l'orthodoxie doit être foutenu & uniforme dans tout un ouvrage. Jamais il n'eft permis de parler le
langage de l'impiété : & celui
qui emploie tantôt l'un, tantôt

l'autre, permet de foupçonner qu'il donne l'un à la prudence & à la politique, & l'autre à ses véritables fentimens.

On défendroit mieux M. de Montefquieu en obfervant qu'il ne donne pas la force du climat pour irréfiftible. En effet, il reconnoît & même établit que les Loix peuvent & doivent combattre l'impreffion du climat, lorfqu'elle eft mauvaife, la réformer, la forcer. C'eft ce que l'on peut voir aux chap. 5 du Liv. XIV, ch. 8 du Liv. XV, ch. 12 du Liv. XVI, & ailleurs : d'où il eft naturel de conclure que M. de Montefquieu ne penfe donc pas que l'ame humaine foit

affujettie à l'action du climat,
comme les corps aux loix de
l'impulfion. La conféquence eft
jufte, & elle fauve à M. de Montefquieu une abfurdité démentie
par les faits. La flexibilité de la
volonté humaine eft un fait at-
tefté par l'expérience journaliere
& univerfelle, & que perfonne
n'a jamais nié. Mais ce point
fuffit-il pour établir nettement
& évidemment l'orthodoxie de
M. de Montefquieu fur la queftion de l'immatérialité de l'ame?
C'eft ce que je ne vois point. Il
en réfulte que l'ame humaine eft
d'un ordre différent de ce qui
eft pure matiere. Mais on ne
peut pas en inférer néceffaire-

ment une diſtinction eſſentielle
entre l'ame & la matiere animée.
Liv. 1, c. 1,
p. 3. *Les bêtes*, comme l'obſerve Mr.
de Monteſquieu, *ne ſuivent pas*
invariablement leurs loix natu-
relles. Nous avons ſous les yeux
des animaux à qui l'on apprend
à vaincre les inclinations de leur
nature, & à en acquerir de contraires. Cette docilité & cette
flexibilité ſont ſuſceptibles de
degrés différens ſelon la différence des eſpeces : le chat eſt
moins docile que le chien.
L'homme, ſupérieur aux autres
animaux, aura cette qualité en
un degré de perfection qui les
ſurpaſſe tous. Mais il nous faut
une diſtinction dans le fond de

l'être, & non dans le degré des qualités. Et par conséquent la capacité que l'Auteur de l'*Esprit des Loix* accorde à l'homme pour réfister à l'impreffion du climat, pour apprendre par l'inftruction & par les bonnes Loix à en corriger les vices, n'eft point une preuve que notre Philofophe reconnoiffe en lui une fubftance effentiellement diftinguée de celle qui anime les bêtes. Or maintenant fi l'homme n'eft point fubftantiellement différent de la brute, ou il fera pure matiere, en fuppofant la brute automate, comme Defcartes l'a penfé ; ou au moins il ne fera diftingué de la brute, que par une plus grande perfection des qualités fur le même fond d'être, comme le finge l'emporte fur le limaçon : ce qui eft une impiété égale à la premiere, & qui y conduit.

Que l'on ne s'étonne pas fi j'infifte un peu fur le parallele entre l'homme & la brute. C'eft un des dogmes favoris de la fecte avec laquelle Mr. de Montef-quieu a vécu intimement lié, que d'affimiler l'homme à la bê-te, & de ne reconnoître entre eux d'autre différence que du plus au moins. Nos incrédules n'ofent pas toujours s'en expli-quer ouvertement : mais il s'en trouve des traces marquées dans léurs écrits, même les plus renommés : en quoi ils font dignes imitateurs des impies de tous les fiécles.

Je reviens au climat ; & pour achever ce que j'ai à en dire, je dois répondre à une objection qui fe préfente affez naturellement. On me demandera peut-être, fi je prétends nier abfolument l'influence du climat fur les mœurs & le caractere des Peuples. Ce n'eft point là ma penfée. Je ne prétends non plus nier cette influence, que celle de l'âge, des genres de nourritures, des maladies, du tempérament. Toutes ces caufes agiffent fur le corps humain, & le corps

agit fur l'ame avec une force que
nous ne fentons que trop, & qui
devient tyrannique. Mais l'Orthodoxe ne tranfmet point l'action de quelque caufe corporelle
que ce foit immédiatement à
l'ame : mais il reconnoît dans
l'ame une action qui lui eft propre, & par laquelle elle confent
à l'impreffion fenfible, ou la com-
bat. C'eft cette action qui dif-
tingue l'homme non-feulement
de la matiere inanimée, mais de
la brute, & qui eft le caractere
de la fpiritualité de l'ame & de
fa liberté. Si M. de Montefquieu
eût parlé de l'influence du climat fur les hommes avec ces mo-
difications & ces réferves, il n'y

auroit rien eu à lui reprocher. Mais on ne voit dans son Livre aucun vestige de ces importans correctifs : il tient le pur langage des Matérialistes, & cela dans un tems suspect, & où l'incrédulité devient presque une mode parmi nous ; pendant qu'il sait que lui-même il est soupçonné de tenir peu à la Religion, & d'être plus disposé à la braver qu'à la croire. Que l'on réunisse toutes ces circonstances, & que l'on juge s'il est possible de disculper M. de Montesquieu du reproche d'avoir porté une rude atteinte au dogme de l'immatérialité de l'ame, & par conséquent à la Religion, dans ce qu'il a écrit touchant le pouvoir du climat fur les mœurs des hommes. Il a ménagé fes expreffions jufqu'à un certain point : mais les coups qu'il porte n'en font que plus dangereux, pour être plus cachés.

Atteinte directe portée à la Religion par cette même doctrine.

Le pouvoir dominant que l'Auteur de l'*Efprit des Loix* attribue au climat fur les mœurs, s'étend jufques fur la Religion, non pas fimplement par conféquence, mais directement. Il avoue nettement cette façon de penfer, & il ofe dire, L. XXIV, ch. 26, pag. 127: *Il femble, humainement parlant, que ce foit le climat qui a prefcrit des bornes à la Religion Chrétienne & à la*

Religion Mahométane. Commençons par écarter les adoucissemens dictés par la politique, *il semble, humainement parlant :* c'est la crainte de blesser trop fortement les zélateurs du Christianisme qui a ajouté ces restrictions modestes. La pensée de M. de Montesquieu, débarrassée de ces clauses de prudence, a été que la différence entre le climat d'Europe, plus doux, plus ami de la liberté, moins esclave du l'incontinence, & celui d'Asie & d'Afrique, plus assorti au despotisme & à la polygamie, est ce qui a déterminé les bornes entre la Religion Chrétienne & la Religion Mahométane. Dis-

penfons - nous donc de rendre
graces à la miféricorde Divine
qui nous a difcernés, fans aucun
mérite de notre part, & qui par
un choix gratuit nous a comblés
de fes graces. N'adorons plus les
jugemens de Dieu fur des contrées autrefois fi fécondes en
grandes lumieres, en faints Docteurs, en Chrétiens dévoués à
toute bonne œuvre, & aujour-
d'hui enfevelies en grande partie
dans les ténebres de l'infidélité.
Ce font-là des idées pieufes, &
bonnes pour les gens fimples.
Une caufe toute naturelle a fait
le difcernement. Le Chriftianifme fe plaît mieux en Europe,
& le Mahométifme en Afie &
en

en Afrique, par la raison qu'il fait plus froid dans nos pays & plus chaud dans ces autres climats.

Mais si M. de Montesquieu a oublié les sentimens de la Religion, a-t-il donc oublié pareillement les faits de l'Histoire ? Faut-il lui rappeller que le Christianisme est né en Asie ; qu'il a été pendant plusieurs siécles florissant & régnant dans l'Asie & dans l'Afrique ; qu'il n'a cédé qu'à la violence, & à la brutalité des armes Mahométanes ; & qu'actuellement encore depuis l'Euphrate jusques dans la Grece le nombre des Chrétiens égale ou même surpasse celui des Sec-

L

tateurs de Mahomet? La raison du climat est donc une chimere, convaincue de faux, même par les faits.

Mauvais plan dans la comparaison de la Religion Chrétienne avec les autres Religions.

Le plan général que M. de Montesquieu se fait dans son ouvrage par rapport aux Religions différentes, & le point de vûe sous lequel il les envisage, est mal pris, & peu conforme à la nature & aux droits de la Religion Chrétienne. *Je n'examinerai*, dit-il, Liv. XXIV, c. 1, p. 107, *les diverses Religions du Monde, que par rapport au bien que l'on en peut tirer dans l'Etat civil, soit que je parle de celle qui a sa racine dans le Ciel, ou bien de celles qui ont la leur sur la*

terre. C'eſt parler convenable-
ment du Chriſtianiſme, que de
dire qu'il *a ſa racine dans le Ciel*, &
j'applaudirois à ce langage orthodoxe, ſi l'Auteur en tiroit les conſ-
ſéquences qui en réſultent néceſ-
ſairement, & s'il ne le contre-
diſoit pas par l'énoncé même de
ſon plan. La contradiction eſt
viſible. Car s'il eſt une Religion
qui ait ſa racine dans le Ciel, &
que toutes les autres aient la leur
ſur la terre, cette premiere eſt
donc la ſeule vraie, la ſeule qui
doive être ſuivie, & toutes les
autres ſont fauſſes & indignes
d'être pratiquées. Il eſt donc
parfaitement inutile d'examiner
quel bien dans l'Etat civil on tire

des diverses Religions : puisque, quand bien même, par la plus fausse de toutes les suppositions, on regarderoit comme plus avantageuse à l'Etat quelqu'une des Religions qui ont leur racine sur la terre, la seule qui a sa racine dans le Ciel mériteroit d'être embrassée, & donneroit l'exclusion à toutes les autres.

C'est ignorer ce que c'est que le Christianisme, que de le comparer aux autres Religions par rapport aux avantages temporels. Il surpasse à cet égard toute autre doctrine. M. de Montesquieu reconnoît que *les principes du Christianisme bien gravés dans le cœur seroient infiniment*

Liv. XXIV, ch. 6.

plus forts pour soutenir les Etats, que les fondemens sur lesquels il les appuye, *que ce faux honneur des Monarchies, ces vertus humaines des Républiques, & cette crainte servile des Etats despotiques.* La Religion Chrétienne a un avantage décidé sur la Mahométane, *qui ne parle que de glaive.* L'Idolâtrie n'a nul principe. La sagesse philosophique des anciens a toujours vanté le tyrannicide ; & par conséquent elle exposoit tout Prince aux attentats du premier téméraire à qui il prendroit en gré de le regarder comme tyran. C'est donc avec grande raison que M. de Montesquieu s'écrie : *Chose admira-*

Ch. 4.

Ch. 3.

L iij

ble ! la Religion Chrétienne , qui ne semble avoir d'objet que la félicité de l'autre vie , fait encore notre bonheur dans celle-ci : Tout cela eft vrai & certain. Mais ne confidérer le Chriftianifme que par cet endroit ; c'eft, comme j'ai dit, le méconnoître.

Son caractere diftinctif confifte dans la fainteté de fes maximes, qui toutes remontent juf qu'à Dieu ; & dans la fublimité de fes motifs, qui fe terminent tous à une félicité éternelle. Ce caractere eft fi puiffant qu'il abforbe tout autre caractere : & il n'eft jamais permis de le laiffer de côté, quand on parle de la Religion Chrétienne, fi l'on ne se propose de la dégrader & de l'avilir. Que penser donc d'un plan qui supprime cette consi- dération essentielle, pour *n'exa- miner les diverses Religions du Monde que par rapport au bien que l'on en peut tirer dans l'Etat civil ?* Ce plan est-il digne de la majesté toute céleste du Chris- tianisme ?

Examiner & comparer les di- verses Religions du Monde ! Le Christianisme exclud toute com- paraison. Il ne peut être com- paré qu'avec lui-même. Puisqu'il est la seule Religion vraie, la seule digne de Dieu & de l'hom- me, il ne peut souffrir le paral- lèle avec aucune autre. Il doit régner feul, feul donner la loi.

Qui ne voit l'inconvénient de ces ignobles comparaifons? Vous ferez paffer en revûe le Chriftianifme, le Mahométif- me, l'Idolâtrie. Vous examine- rez leurs convenances & difcon- venances par rapport au climat, au gouvernement établi, aux mœurs & coutumes des Nations. Une de ces Religions convien- dra mieux à certains égards, & moins fous un autre point de vûe. Quelle impreffion réfultera de cet examen? L'égalité en- tre elles, & l'indifférence pour toutes.

Je dis plus. Si par votre exa- men il fe trouve que le Chriftianifme foit moins propre qu'une autre Religion à procurer le bien de l'Etat, fous tel climat, en tel pays, il faudra donc lui interdire l'entrée de ce climat, de ce pays, fous peine de nuire au bien de l'Etat; & alors, comme les hommes font furieufement frappés des avantages & des maux temporels, & ne s'élevent qu'avec peine à ce qui eft au deffus des fens, que je crains pour la Religion *qui a fa racine dans le Ciel!*

Voilà en peu de mots l'analyfe des XXIVᵉ & XXVᵉ Livres de l'*Efprit des Loix*. Toutes les Religions font égales en elles-mêmes: l'utilité qui peut en revenir à l'Etat, doit décider de la préférence.

Le vrai en fait de Religion compté pour rien : l'utile seul mis en ligne de compte.

C'est si bien là l'esprit de l'Auteur, que dans toutes les considérations qu'il nous expose sur la matiere de la Religion, jamais le vrai n'entre pour rien. Il semble même quelquefois lui donner formellement l'exclusion. Ainsi dans le chap. 4 du Liv. XXIV, p. 111, après avoir dit que *sur le caractere de la Religion Chrétienne & de la Religion Mahométane, on doit, sans autre examen, embrasser l'une & rejetter l'autre,* il donne cette raison de la préférence : *car il nous est bien plus évident qu'une Religion doit adoucir les mœurs des hom-*

mes, qu'il ne l'est qu'une Religion soit vraie. Craint-il que la supériorité des preuves de la Religion Chrétienne ne soutienne pas la comparaison avec le Mahométisme ? Non assurément. Mais il compte le vrai pour rien : il ne considère que l'utile.

Il est si peu disposé à faire valoir le crédit & la force du vrai, qu'il établit pour principe & pour regle, *que c'est moins la vérité ou la fausseté d'un dogme, qui le rend utile ou pernicieux aux hommes dans l'Etat civil, que l'usage ou l'abus qu'on en fait.* Tel est le titre du chap. 19 du même Livre XXIV ; & cette maxime est traitée & appuyée

L vj

par des exemples dans ce chapitre & les deux fuivans. Si le
vrai étoit de quelque prix auprès de M. de Montefquieu,
n'eût-il pas dû dire, que les dogmes vrais doivent être toujours
embraffés ; mais qu'il faut fe
donner de garde d'en tirer de
fauffes conféquences, qui peuvent quelquefois devenir perni-
cieufes ?

Tout eft chez lui de ce goût.
Entreprend-il d'expliquer les
motifs d'attachement pour les
diverfes Religions? Il ne les tire
point de la vérité des dogmes.

Liv. XXV, C'eft notre amour-propre qui
c. 2, p. 528. nous attache à une Religion fpi-
rituelle. Notre vanité eft flattée

de ce que nous sommes assez in-
telligens pour avoir choisi une
Religion qui tire la Divinité de
l'humiliation où les Idolâtres la
réduisent. La pompe du culte
extérieur ajoutée au mérite d'une
Religion intellectuelle , augmente pour elle l'attachement,
en vertu de notre penchant naturel pour les choses sensibles.
Et telle est la raison pour laquelle
les Catholiques sont plus attachés que les Protestans à leur
Religion. On pourroit croire
que la vérité évidente du dogme
d'un Dieu unique, créateur &
souverain modérateur de toutes
choses, auroit influé dans la con-
version des Peuples Barbares &

Sauvages au Chriſtianiſme. M.
de Monteſquieu n'eſt pas de ce

Ch. 3, p. 130. ſentiment. *Les Peuples qui n'ont
point de Temples, dit-il, ont peu
d'attachement pour leur Religion.
Voilà pourquoi les Peuples Barbares qui conquirent l'Empire Romain ne balancerent pas un moment à embraſſer le Chriſtianiſme; pourquoi les Sauvages de
l'Amérique ſont ſi peu attachés à
leur propre Religion; pourquoi,
depuis que nos Miſſionnaires leur
ont fait bâtir au Paraguai des
Egliſes, ils ſont ſi fort zélés pour
la nôtre.*

La vérité de   Et comment M. de Monteſ-
la Religion   quieu raiſonneroit-il d'après le
Chrétienne
n'eſt point   principe de la vérité de la Reli-
admiſe par
l'Auteur.

gion Chrétienne ? Cette vérité
est-elle admise par un Ecrivain
qui dit que *les inflitutions de la* Liv. XXVI,
Religion font, non pas réelle- c. 2, p. 143
ment, mais *fuppofées être les meil-* & 144.
leures ; qui appuie la croyance
que nous donnons à une Religion ancienne, fur ce que *fou-*
vent nous croyons plus les chofes
à mefure qu'elles font plus recu-
lées. Car, ajoute t-il, *nous n'a-*
vons pas dans la tête des idées
accefoires tirées de ces tems-là,
qui puifent les contredire. N'eft-
ce pas dire nettement que fi
nous euffions vécu dans les tems
de l'origine du Chriftianifme,
voyant les chofes de plus près,
nous n'aurionr pas crû ?

Eloges foibles & secs qu'il lui donne.

Aussi avec quelle froideur Mr. de Montesquieu s'exprime-t-il sur l'estime qu'il fait de la Religion Chrétienne? Combien sont secs les hommages qu'il lui rend!

Liv. X, c. 3, pag. 257.

En parlant du droit de conquête, il remarque avec raison que notre droit des gens, par rapport aux Peuples vaincus, est plus doux & plus favorable à l'humanité, que celui des Grecs & des Romains. Sur quoi il fait cette réflexion: *Il faut rendre ici hommage à nos tems modernes, à la Raison présente, à la Religion d'aujourd'hui, à notre Philosophie, à nos mœurs. A la Religion d'aujourd'hui!* Quelle indifférence d'expression! Quel

foible tribut de reconnoiſſance !
Oui, ſans doute, la Religion
Chrétienne a inſpiré la douceur
aux hommes : elle ſeule a la
gloire d'avoir aboli, par-tout où
elle a été reçue, les victimes humaines : elle a détruit dans nos
contrées le droit d'eſclavage, ſi
oppoſé à l'humanité. Voilà de
grands bienfaits, dont le genre
humain lui eſt redevable, & qui
ne peuvent point laiſſer de froideur pour elle dans un cœur re-
connoiſſant. Encore, ſi M. de
Monteſquieu lui faiſoit uniquement ou principalement honneur de cet adouciſſement dont
il ſe loue ! Mais il lui aſſocie *no-*
tre Raiſon préſente, notre Philo-

sophie, comme des causes paralleles, qui partagent ici sa gloire.
A-t-il donc oublié que la Raison & la Philosophie doivent ce qu'elles sont aujourd'hui à la Religion Chrétienne? La raison est commune à tous les hommes : la Philosophie a été cultivée par les plus beaux & les plus sublimes génies de la Grece. Pourquoi donc les deux dogmes les plus essentiels, celui de l'unité de Dieu, & celui de l'immatérialité de l'ame, ont-ils toujours été, jusqu'au Christianisme, couverts de ténebres, niés par les uns, traités obscurément & foiblement par les autres? La Religion Chrétienne a commencé

par fixer notre croyance fur ces points fi importans : & enfuite la raifon, affurée de poffeder la vérité, a découvert les preuves lumineufes qui la mettent en évidence. Pourvu que l'abus de la Philofophie, porté parmi nous à l'excès, ne replonge pas le fiécle dans les ténebres d'où il a eu tant de peine à fortir.

Nous avons donc eu befoin du fecours furnaturel de la Religion Chrétienne pour exercer utilement même les facultés naturelles de notre intelligence. M. de Montefquieu prend la route directement contraire. Dans la Religion même il ne reconnoît rien que de naturel.

L'Auteur ne reconnoît rien que de naturel dans la Religion.

Nous venons de voir quels motifs il attribue à l'attachement des hommes pour leur Religion : motifs tirés uniquement de la nature, & même de la nature corrompue. Il pense de même sur la construction des Temples, & sur l'institution du Sacerdoce. Pourquoi presque toutes les Religions ont-elles eu des Temples ? C'est, répond M. de Montesquieu, parceque *presque tous les Peuples policés habitent dans des maisons. De-là est venue* NA-TURELLEMENT *l'idée de bâtir à Dieu une maison.* Pourquoi des Prêtres ? C'est que *le desir* NA-TUREL *de plaire aux Dieux ayant multiplié les cérémonies,* &

Liv. XXV, ch. 3.

Ch. 4.

des lieux particuliers ayant été consacrés à Dieu, il falloit qu'il y eût des Ministres pour en prendre soin, comme chaque Citoyen prend soin de sa maison & de ses affaires domestiques. Pourquoi des Pontifes ? C'est que *lorsque la Religion a beaucoup de Ministres, il est NATUREL qu'ils aient un Chef.* Tout est, comme l'on voit, dérivé de la nature, sans l'intervention d'aucune cause surnaturelle, d'aucune révélation. La vraie Religion n'est point en cela privilégiée. Il n'est fait ici aucune mention ni de l'ordre donné d'en-haut à David pour la construction du Temple que bâtit son fils Salomon,

Ch. 8.

ni du choix d'Aaron & de sa postérité pour le Sacerdoce, ni de la primauté attribuée par J. C. à S. Pierre. Les Prêtres des Juifs sont mis, par l'Auteur, au niveau des Prêtres Egyptiens & Persans. *Chez les Egyptiens, dit-il, les Juifs, & les Perses, on consacra à la Divinité de certaines familles, qui se perpétuoient & faisoient le service.* Tout est égal. Nulle Religion n'a droit de s'élever au-dessus des autres par des institutions surnaturelles & divines.

Eloge de la Morale des Péguans, des Esséniens, des Stoïciens.

M. de Montesquieu ne laisse pas même à la vraie Religion la distinction précieuse d'une morale pure & pleinement louable.

Il nous cite avec complaisance les préceptes de morale des Peuples du Pégu, des Esséens ou Eséniens, & de la secte Stoïque.

Liv. XXIV, c. 8, 9 & 10, p. 113-115.

Je compte pour nous les Esséniens, qui étoient Juifs, qui connoissoient & adoroient le vrai Dieu, & qui avoient le Décalogue & les Livres de Moïse, & par conséquent le secours de la révélation pour guider leur morale.

Quant aux Péguans, nous avons trop peu de lumieres sur ce Peuple si reculé, & renfermé dans un coin de la presqu'isle audelà du Gange, pour entreprendre de raisonner avec étendue sur son compte. Je dirai seu-

lement que les préceptes dont
M. de Montesquieu fait honneur à leur Religion, *de ne point
tuer, de ne point voler, d'éviter
l'impudicité, de ne faire aucun
déplaisir à leur prochain, de lui
faire au contraire tout le bien
qu'on peut*, ces préceptes ne pas-
sent point la portée de la Loi
naturelle, qui est connue suffi-
samment de tous les hommes,
pourvû qu'ils n'y mettent point
obstacle par leurs passions. Un
point sur lequel les Chrétiens ne
pensent pas comme les Péguans,
c'est que ces Indiens se persua-
dent qu'avec la pratique des préceptes que je viens de rapporter,
*on se sauvera dans quelque Reli-
gion*

gion que ce foit. M. de Montefquieu ne donne aucune marque
d'improbation à cette façon de
penfer, qui néanmoins laiffe
dans l'oubli tous les devoirs de la
Créature envers l'Auteur de fon
Être.

Pour ce qui eft des Stoïciens,
ils nous font mieux connus, &
nous pouvons en parler plus fa-
vamment. J'avoue que *j'ai été
vraiment furpris de l'enthoufiaf-
me dans lequel entre M. de
Montefquieu à leur fujet. *Si je
pouvois*, dit-il, *ceffer un moment
de penfer que je fuis Chrétien, je
ne pourrois m'empécher de mettre
la deftruction de la fecte de Zénon
au nombre des malheurs du genre*

M

humain. Il a raifon dans la ref-
triction par laquelle il corrige &
confole fes regrets. Car la Religion Chrétienne remplace bien
avantageufement le Stoïcifme
détruit. J'ajoute qu'il a un motif perfonnel pour fe confoler de
la deftruction de cette Secte. Si
elle fubfiftoit, affurément elle
n'approuveroit pas plufieurs maximes du Livre de l'*Efprit des
Loix*, & fingulierement l'éloge
du luxe, heureux effet de la vanité.

Mais les louanges qu'il donne
au Stoïcifme font-elles méritées,
& la morale de cette Secte peut-
elle entrer en parallele avec celle
du Chriftianifme ? Pour louer

cette morale, uniquement philosophique, M. de Montesquieu
emploie l'artifice ordinaire aux
Panégyristes. Il met en évidence
les beaux côtés, & il supprime les
endroits défectueux. Il vante en
elle le mépris des plaisirs & de la
douleur, le dévouement au service de la société humaine. Mais
il garde un silence prudent sur
l'orgueil impie par lequel cette
Secte égaloit son Sage à Dieu,
ou même le mettoit au-dessus du
souverain Être; sur l'insuffisance
des motifs qu'elle proposoit à la
vertu : insuffisance bien attestée
par le blasphême de Brutus mou-
rant, qui déclare qu'il a cultivé la
vertu comme quelque chose de

réel, mais que défabufé par fes
difgraces, il reconnoît qu'elle
n'eft qu'un nom & un vain phan-
tôme. Voilà quelle étoit la morale Stoïcienne ; voilà l'Idole
pour laquelle M. de Montefquieu fe prend fubitement d'une
affection fi vive, que nulle expreffion ne lui paroît trop éner-
gique pour rendre ce qu'il fent.
Cherchez, dit - il, *dans toute la*
Nature, & vous n'y trouverez pas
de plus grand objet que les Anto-
nins. Je fais profeffion d'eftimer
& de chérir la mémoire des An-
tonins. Mais le premier, & peut-
être le plus eftimable, ne nous
eft point donné par l'Hiftoire
pour éléve du Portique ; & Marc-

Auréle étoit conſtamment plus Philoſophe qu'il ne ſied à un Empereur. Quant à Julien l'A- poſtat, j'ai honte pour M. de Monteſquieu de l'éloge qu'il en fait. Je conviens que ce Prince avoit de belles & grandes quali- tés. Mais comment peut-on dire d'un Empereur qui pouſſoit le Pédantiſme à l'excès, qui n'a- voit nulle dignité dans ſa con- duite ni dans ſon ſtyle, qui ſe li- vroit aux ſuperſtitions les plus groſſieres, qui regardoit & trai- toit la Magie comme un art di- vin, qui ſe rendit perſécuteur ruſé & artificieux de tout ce qu'il y avoit de plus gens de bien dans ſon Empire ; comment peut-on

Eloge outré de Julien l'A- poſtat.

M iij

dire d'un tel Empereur, *qu'il n'y a point eu après lui de Prince plus digne de gouverner les hommes?* M. de Montesquieu prend des précautions, pour empêcher qu'on ne le soupçonne de se rendre *complice de l'apostasie* de Julien. Ce danger n'étoit point à craindre pour lui. On sait qu'il ne prenoit pas la Religion assez sérieusement, pour vouloir encourir par un changement le blâme de l'inconstance. Mais comment n'a-t-il pas évité l'indécence d'élever Julien au-dessus de Théodose, de Charlemagne, qu'il a loué ailleurs avec tant d'énergie & d'éloquence, de S. Louis, & de plusieurs autres Princes très

L. XXXI, c. 18, p. 333.

dignes d'estime dans toutes les Nations connues ? C'est que M. de Montesquieu a un foible pour tous ceux qui ont fait profession d'impiété. Ici il loue avec excès Julien : ailleurs il traite Machiavel & Baile de *grands hommes.* Qui peut ne pas sentir dans ces traits l'inclination à louer ses semblables ? C'est ainsi que devoit penser & parler un homme, à qui ses amis, dans le panégyrique qu'ils font de lui après sa mort, accordent le singulier éloge d'avoir reçu les derniers Sacremens *avec décence.*

L. VI, c. 5. pag. 76. L. XXIV. c. 6, p. 212.

On conçoit bien qu'un Ecrivain qui parle sur la Religion comme M. de Montesquieu,

Tolérance universelle en fait de Religion.

M iv

adopte le fyftême de la tolérance
univerfelle. Cette queftion eft
par fa nature tellement mêlée de
vûes politiques , que je ne crois
pas qu'il me convienne de la traiter : je ferai feulement deux obfervations fur ce qu'en dit notre
Auteur.

Je remarque premierement
qu'en cette matiere , comme
dans toutes les autres qui inté-
reffent la Religion & la Morale,
il ne confidere nullement le mérite du vrai , il n'en fait abfolument aucune mention : ce qui eft
utile ou défavantageux à l'Etat,
voilà ce qu'il envifage uniquement. Qu'une Religion foit vraie
ou fauffe , le traitement eft égal.

Dès qu'elle est nouvelle, il faut l'exclure ; si elle est établie, il faut la tolérer. Ainsi le Christianisme n'a aucun privilége sur l'idolâtrie, & les Empereurs Romains faisoient sagement en travaillant à empêcher qu'il ne s'établît dans leurs Etats. Qu'est-ce qu'une telle Doctrine, sinon une indifférence universelle pour toutes les Religions, c'est-à-dire, une irreligion caractérisée ?

J'observe en second lieu, que par une suite nécessaire, M. de Montesquieu approuve peu le zêle qu'ont eu de tout tems les Chrétiens pour la propagation de leur Religion. Il oppose tacitement à leur façon de penser sur

L. XXV, c. 10, p. 136.

Improbation du zèle des Chrétiens pour la propagation de leurReligion.

Ch. 15.

M v

ce point, l'opinion contraire de *tous les peuples d'Orient*, qui *croient toutes les Religions en elles - mêmes indifférentes* : jufques - là que quelques - uns *fe font une affaire de confcience de les fouffrir toutes* également. Il entreprend même de prouver que le fuccès de la prédication de l'Evangile eft impoffible dans des climats fi éloignés du nôtre, & fi différens. Les Apôtres ont donc eu grand tort de venir prêcher en Occident une Religion née en Afie. Et que penfer de Jefus-Chrift lui-même, qui leur avoit dit : *Allez par tout le monde, prêchez l'Evangile à toute Créature* humaine ? C'eft que les

principes du Christianifme, &
ceux de l'Auteur de l'*Efprit
des Loix*, font étrangement
oppofés. Pour celui-ci toute Religion eft égale ; & l'une ne mérite aucune préférence fur l'autre. Le Chriftianifme, au contraire, fe regarde comme la feule
Religion vraie, la feule à qui
foient dûs nos hommages ; & il
condamne toutes les autres comme des erreurs & des fuperftitions.
Il fe croit néceffaire au genre-
humain, qui fans fon fecours de-
meureroit enfeveli dans des té-
nébres honteufes pour le préfent,
funeftes pour l'avenir. De-là ce
zêle qu'il infpire à fes Sectateurs
pour fa propagation ; zêle qui
M vj

fait fa gloire , & dont on ne peut le dépouiller fans l'anéantir.

M. de Montefquieu improuve ce zêle & le méprife. Il n'eft donc pas Chrétien. Il dit lui-même qu'il n'eft pas Théologien. On peut l'en croire. Mais ne permettons pas que fous ce prétexte , il débite impunément les maximes les plus contraires au Chriftianifme. Puifqu'il fe dit Chrétien , il ne devroit donc pas jetter des nuages fur le dogme de l'immatérialité de l'ame , qui eft fondamental en toute Religion. Il ne devroit pas confondre le Chriftianifme avec les fuperftitions groffieres du Mahométifme & de l'Idolâtrie , & le rendre comme elles dépendant du climat, du gouvernement & des loix de chaque Pays. Il ne devroit pas lui ôter son caractere distinctif d'être fondé sur le vrai, & de mériter seul d'être embrassé par les hommes. Il ne devroit pas essayer de refroidir le zêle de ceux qui travaillent à l'étendre, & condamner l'exécution de ce qui a été pratiqué par les Apôtres, & commandé par Jesus-Christ même. Etrange Chrétien que celui qui faisant profession du Christianisme en France, seroit conduit par ses principes à être Mahométan à Constantinople, & Idolâtre dans l'Inde!

Les Loix de la Religion ne

Loix de la Religion mi fes en parallèle avec toutes les autres efpéces de Loix.

devoient pas être plus refpectées que la Religion elle-même. Auffi M. de Montefquieu traite-t-il les Loix divines très cavalierement. Dans fon XXVIe Livre, il les compare avec les autres efpeces de Loix, comme des puiffances paralleles, qui ont chacune leur territoire féparé, où elles exercent leur jurifdiction avec une indépendance mutuelle.

Liv. XXVI, ch. 2, p. 143.

On ne doit pas, dit-il, ſtatuer par les Loix divines, ce qui doit l'être par les Loix humaines, ni régler par les Loix humaines, ce qui doit l'être par les Loix divines. La maxime eft indubitable. Mais l'expreffion fuppofe une égalité, qui n'eſt point dans la choſe. Il falloit exprimer la ſupériorité des Loix divines, & dire qu'elles doivent être ſuivies dans tout ce qu'elles ont réglé ; qu'il n'eſt pas permis aux Loix humaines de s'en écarter, & que celles-ci n'ont de territoire que celui que les autres ont laiſſé libre. Où les Loix divines ne parlent pas, la Loi humaine devient réglé : mais où elles ont parlé, elles doivent ſeules être écoutées. Pourquoi M. de Monteſquieu n'a-t-il pas traité cette idée ? Elle préſentoit un beau champ à ſon éloquence, & il auroit évité un parallele peu édifiant, & qui manque de juſteſſe.

Il fait tout le contraire , & il revient encore au même langage. Il pose ainsi le titre du ch. 7. *Qu'il ne faut point décider par les préceptes de la Religion , lorsqu'il s'agit de ceux de la Loi naturelle.* Ce qu'il établit sous ce titre est juste & vrai. Il parle du Carême observé par les Abyssins avec tant de rigueur, que leurs forces en sont abattues : de façon qu'ils ne peuvent résister aux Turcs , qui choisissent ce moment pour les attaquer. Qui peut douter que les Abyssins ne dussent modérer les rigueurs de leur Carême , pour ne se pas mettre hors d'état de soutenir l'effort de leurs ennemis ?

Parmi les préceptes de Religion, il en est d'essentiels & indispensables. Mais ceux qui ne consistent que dans des pratiques extérieures, la Religion en dispense elle-même, lorsque la nécessité le requiert. Cette distinction étoit assurément connue de M. de Montesquieu : & en l'employant, il ne seroit pas tombé dans l'inconvénient scandaleux de présenter l'idée de préceptes de Religion en opposition à la Loi naturelle, & forcés de lui ceder.

Je ne puis omettre l'affectation choquante de mettre, dans le même chapitre, en parallèle avec le Carême des Abyssins le culte extravagant rendu par les Egyptiens aux animaux qu'ils tenoient pour sacrés. Grossiereté idolâtrique, pratique chrétienne, tout va de pair dans l'ouvrage de M. de Montesquieu.

On peut appliquer les observations précédentes, aux titres des chapitres 10 & 13. L'un propose d'examiner *dans quels cas il faut suivre la Loi civile qui permet, & non pas la Loi de la Religion qui défend* : l'autre, *dans quels cas il faut suivre, à l'égard des mariages, les Loix de la Religion, & dans quels cas il faut suivre les Loix civiles.* Je n'examine point les décisions que M. de Montesquieu donne de ces queſtions : ce n'eſt pas de quoi il s'agit. Mais l'énoncé des titres eſt inſoutenable, en ce qu'ils ſuppoſent qu'il eſt des cas où l'on peut faire ce que la Loi de la Religion défend , & où il eſt permis de ne lui point obéir. On éviteroit un tel langage, ſi l'on avoit dans le cœur les ſentimens de reſpect qui ſont dûs à la Religion ; ou plutôt ſi l'on ne ſe propoſoit pas d'en inſpirer ſourdement le dédain & le mépris.

En voilà aſſez , je penſe, pour prouver que M. de Monteſquieu n'eſt pas plus orthodoxe ſur la Religion que ſur la Morale; qu'il n'eſt ni Chrétien , ni Idolâtre , ni Mahométan, mais diſpoſé à autorifer tous ces fyftêmes, felon la différence des tems & des lieux. Il feroit inutile que j'ajoutaffe ici qu'il n'eft pas meilleur Catholique que Chrétien, qu'il critique le célibat des Prêtres, qu'il approuve la deftruction des Monafteres & des Hôpitaux par Henri VIII, qu'il loue fes chers Anglois d'avoir fû mieux qu'aucune Nation du monde *fe prévaloir de la Religion*. Tout cela fe conçoit, & eft une fuite naturelle des principes de l'Auteur.

Mais ce que l'on ne devineroit peut-être pas, c'eft que cet Ecrivain qui a tant parlé de Religion chrétienne, qui l'a confidérée fous tant de faces,

L. XXIII, ch. 21, & L. XXV. c. 4. L. XXIII, ch. 9. pag. 116. L. XX, ch. 6. p. 5.

L'Auteur étoit ignorant dans fa Religion. Preuves.

qui l'a comparée avec toutes les
autres Religions, avec tous les
Gouvernemens, tous les climats,
ne la favoit que très imparfaite-
ment, & s'eft fouvent exprimé
d'une façon qui marque en ce
point une grande ignorance. Je
ne demande pas que l'on m'en
croie fur ma parole : je vais donner mes preuves.

Quelle bévue, par exemple,
que de mettre en oppofition
Jefus - Chrift & les Apôtres,
comme fi les Apôtres avoient fait
aucun établiffement qui ne leur
eût été enfeigné & dicté par
J. C. ? C'eft pourtant ce que
fuppofe M. de Montefquieu, L. XXIV,
ch. 5, p. 114,
orfque comparant les deux Reli-

gions Calvinifte & Luthérienne,
il dit que l'une pouvoit fe juger
*plus conforme à ce que Jefus-Chrift
avoit dit ; & l'autre, à ce que les
Apôtres avoient fait.* Jamais aucun Chrétien n'a parlé ainfi. Ce
que les Apôtres ont fait, dans
l'inftitution des Rites religieux,
du régime & du miniftere Ec-
cléfiaftique, Jefus-Chrift leur
avoit ordonné de le faire.

M. de Montefquieu entre-
prend d'expliquer le caractere &
& l'efprit de la Religion chrétienne, L. XXIV, ch. 13. pag.
116 ; mais il ne la connoiffoi.
pas affez pour la définir avec
exactitude. Parmi le vrai & le
bon, il mêle des idées & des ex-

preſſions peu correctes, comme
il arrive toujours à ceux qui parlent de ce qu'ils ne ſavent pas.
Qu'entend - il lorſqu'il dit que
cette Religion , *mene ſans ceſſe
du repentir à l'amour , & de l'a-
mour au repentir ?* S'il veut parler des fautes légeres des Juſ-
tes , qui ſont pour eux un ſujet
perpétuel de larmes & de recours
à Dieu , quoiqu'elles ne leur faſ-
ſent pas perdre la vie de l'ame &
la juſtice , il eſt dans le vrai. Mais
s'il a cru que la vie chrétienne eſt
un cercle & une viciſſitude de
purifications & de ſouillures ,
de pénitences & de rechûtes
mortelles , il a ſuivi les idées du
vulgaire ignorant & pervers , qui

se contente de l'écorce de la Religion, & qui n'en connoît point l'esprit. S'il eût été mieux instruit ; il auroit senti cette équivoque importante, qui rend sa phrase louche & susceptible d'un sens bas & grossier.

Ce qui suit est encore plus inexcusable, & contient même une contradiction visible. La Religion chrétienne, selon M. de Montesquieu, *met entre le Juge & le Criminel un grand Médiateur :* cela est juste. Elle met *entre le Juste & le Médiateur un grand Juge.* Voilà ce qui n'est nullement correct. S'il en étoit ainsi, le Médiateur ne seroit plus Médiateur, puisqu'il se trouveroit

trouveroit entre l'homme & lui. Le vrai est qu'il est toujours Médiateur entre l'homme & Dieu, soit que l'on considere l'homme comme pécheur, soit qu'on le suppose devenu juste par celui qui lui en a mérité la grace.

M. de Montesquieu ne s'exprime pas plus doctement sur la maternité divine de Marie. *Lorsque le peuple d'Ephese*, dit-il, *eut appris que les Peres du Concile avoient décidé qu'on pouvoit appeller la Vierge, Mere de Dieu, il fut transporté de joie.* Le Concile d'Ephese n'a pas décidé que l'on *pouvoit*, mais que l'on *devoit* appeller Marie, Mere de Dieu. Notre Philoso-

N

phe a cru que cette décision ne
regardoit que la prérogative de
la Sainte Vierge, objet peu intéressant pour un homme tel que
lui. Il n'a pas vu la liaison de ce
langage avec le dogme de l'unité de personne en Jesus-Christ. Il
faut appeller Marie *Mere de
Dieu*, comme il faut dire que
Dieu a habité parmi nous, que
Dieu a versé son sang pour les
hommes. La nature humaine
subsiste en Jesus-Christ, sans être
confondue avec la Divinité,
mais elle ne constitue pas une
personne : elle subsiste dans la
personne du Verbe, à laquelle sont
appropriées toutes les opérations
de la nature humaine qu'il s'est

unie. On conçoit combien ce dogme est capital dans le Christianisme, dont il fonde tout le culte, & même toute la doctrine sur la Rédemption du genre humain. C'est ce que n'a point vu ni su M. de Montesquieu, & ce qui lui a donné la hardiesse de traiter d'un air de mépris l'article de la maternité divine de Marie, de le donner pour preuve & pour exemple de l'attachement des hommes aux choses sensibles en matiere de Religion, & d'attribuer au *Peuple* imbécille la joie que causa le jugement du Concile qui le décida. Ce n'est point par le *Peuple* seul que fut applaudie cette dé-

cifion : elle caufa une très grande
joie aux Prélats les plus pieux &
les plus favans ; & elle a été ref-
pectée par les Catholiques dans
tous les fiecles qui l'ont fuivie.

Je ne citerai plus qu'un feul
trait de l'ignorance de M de
Montefquieu fur la nature de la
Religion. En la comparant aux
Loix humaines , il y trouve cette
Liv. XXVI, différence , que *les Loix humai-*
ch. 2, p. 143. *nes ftatuent fur le bien , la Reli-*
gion fur le meilleur. Je m'ima-
gine entendre les gens du Peuple dire à ceux qui les exhortent
à vivre chrétiennement: Nous ne
fommes pas des Saints ; il nous
fuffit d'être honnêtes gens. Il eft
vifible que M. de Montefquieu

donne ce qui eſt ſtatué par la Religion en fait de mœurs & de conduite, pour une perfection, à laquelle on n'eſt pas obligé étroitement, & au deſſous de laquelle eſt un dégré dans lequel on eſt *bien*, quoique l'on ne ſoit pas parfait. Je ne m'arrête point à prouver combien cette idée eſt contraire au texte de l'Evangile & des écrits des Apôtres, & à l'enſeignement univerſel de l'E-gliſe. Ce que je veux que l'on ob-ſerve, c'eſt combien elle eſt baſſe, vulgaire, triviale, & incompa-tible avec une connoiſſance tant ſoit peu approfondie de la nature de la Religion. La Religion nous a été donnée, non pour nous rendre *meilleurs*, mais pour nous rendre *bons* ; & il n'appartient qu'à ceux qui ne l'ont jamais étudiée, d'ignorer que sans elle nous sommes mauvais, faisant le mal, ou ne faisant pas le bien comme on doit le faire. M. de Montesquieu étoit du nombre de ces hommes qui savent tout, excepté ce qu'il est vraiment important de savoir ; de ces enfans d'Agar, qui recherchent une prudence qui vient de la terre, qui se piquent d'être inventeurs d'une prudence & d'une intelliligence nouvelle, mais qui n'ont point connu la voie de la vraie sagesse, & n'en ont point découvert les traces & les sentiers.

Filii... Agar, qui exquirunt Baruch, III. 23.
prudentiam quæ de terra eft, ...
exquifitores prudentiæ & intelli-
gentiæ, viam autem fapientiæ
nefcierunt, neque commemorati
funt femitas ejus.

CONCLUSION.

Voilà le défaut effentiel de Récapitulation des vices du Livre de l'Efprit des Loix.
l'Auteur de *l'Efprit des Loix*. Il
en a d'autres, comme l'on a vu ;
& pour les raffembler en peu de
mots fous les yeux du Lecteur,
je ne puis mieux faire que d'em-
prunter ici les paroles du Jour-
nal de Trévoux, Juillet 1761,
1 vol. pag. 1612. On y trouvera
en même-tems très bien obfer-
vées les caufes du fuccès qu'a eu

N iv

un Ouvrage chargé de taches si
importantes. » Nos discussions
» modernes sur le Gouverne-
» ment, dit le Journaliste, ont
» pris leur source dans le Livre
» de l'*Esprit des Loix*. C'est cet
» ouvrage qui, avec son laco-
» nisme plein de hardiesse, &
» avec ses axiômes dépourvus de
» preuve, a monté nos imagi-
» nations à l'Anglicisme. L'Au-
» teur a pris le moment où no-
» tre curiosité, notre maligni-
» té, notre indifférence pour les
» bons principes, étoient dans
» une sorte de fermentation.
» Son Livre, énigmatique en
» plusieurs endroits, épigram-
» matique en d'autres, tran-

» chant partout, & superficiel
» dans ses détails, nous a déter-
» minés, entraînés, fixés dans
» des théories de législation,
» dans un cercle d'observations
» sur tout ce qui est au-dessus de
» notre sphere & de notre com-
» pétence. . . . M. de Montes-
» quieu n'a pas fait un bon ou-
» vrage, mais il étoit homme de
» génie : & les traits de cette
» puissante & rare qualité le fe-
» ront vivre dans la mémoire
» des hommes. Il sera parlé de
» lui comme d'un Ecrivain sin-
» gulier ; mais qui n'avoit ni
» assez d'érudition, ni assez de
» logique, pour élever l'édifice
» des Loix : semblable à ces dé-
» corateurs en Architecture ,

» qui favent orner toute la fa-
» çade & tous les appartemens
» d'un Palais , tandis que le
» deffein péche dans toutes fes
» parties. On regarde les enjo-
» livemens de cette conftruc-
» tion , & l'on fe moque de la
» maffe totale «.

Rien n'eft plus vrai ni mieux préfenté , que ce que dit ici le docte & judicieux Journalifte : mais il n'a pas tout dit. Au défaut d'érudition & de logique , ajoutons le défaut de refpect pour la Religion : & le portrait fera achevé.

L'irreligion eft le princi-pal. Ce dernier vice eft celui qui mérite la premiere attention ; & tel a été le principal point de vue qui m'a guidé dans les Obfervations que j'ai données fur le Livre de l'*Efprit des Loix*. En cela j'ai agi conféquemment à mes principes. Je fuis Chrétien : & comme tel, je fuis perfuadé que le plus grand mal qui puiffe arriver aux hommes, eft d'igno-rer ou de méconnoître le Chrif-tianifme, qui eft la feule voie du bonheur préfent & avenir. Obli-gé par la loi de l'Evangile d'ai-mer mes Freres, j'ai dû faire ce qui eft en moi pour les préferver du plus terrible des malheurs.

Mais qu'il me foit permis de demander à M. de Montefquieu & à fes femblables, par quel principe ils publient des Ouvra-ges qui tendent à infpirer le mé-pris & l'averfion pour la Religion

Inconfé-quence dans la conduite des Prédica-teurs de l'ir-religion.

Chrétienne. Je veux qu'ils aient découvert des vérités inconnues au vulgaire, & que nous qui, avec les Bossuet & les Pascal, croyons à la Révélation & au Christianisme, nous soyons des imbécilles stupidement plongés dans l'erreur. Mais si l'ame est matérielle & périt avec le corps ; s'il n'y a ni récompense à espérer, ni punition à craindre dans une autre vie, le fort de ces esprits sublimes & le nôtre est le même. Si en morale l'intérêt propre est pour chaque particulier la regle de ses devoirs, si le bien & le mal d'autrui font des objets indifférens pour le Sage, qu'importe à nos grands Philosophes que nous soyons aveu-

gles? Quel bien leur reviendra-
t-il de la prétendue lumiere qu'ils
auront portée dans nos esprits?
C'est à eux une inconséquence
manifeste, que de travailler à
instruire des êtres dont la condition ne sera pas améliorée par
l'instruction, & dont les avantages même, s'ils avoient à en
recueillir quelqu'un, sont comp-
tés pour rien par celui qui la
donne. Et quel mal arrivera-t-il
à ces Docteurs téméraires, s'ils
nous laissent jouir paisiblement
de notre pieuse crédulité? Ils
auront à vivre avec des hommes
qui se croiront obligés par les
devoirs les plus saints à être
humbles, modestes, chastes,
infiniment éloignés de nuire à

leurs freres, & prêts à facrifier aux intérêts des autres leurs intérêts les plus chers. Eft-il de l'avantage de ces étranges Convertiffeurs de détruire, dans ceux avec qui ils font liés par la parenté, par la focieté d'affaires, par la participation aux mêmes fonctions & aux mêmes études, les principes de ces qualités? S'ils réuffiffent, ils ont travaillé contre eux-mêmes.

Ils n'ont d'autre motif que la vanité.

Quel peut donc être le motif de cette manie de répandre dans le public des Ouvrages pleins d'impiété, de s'ériger en Apôtres d'irreligion, & de fe former par les converfations particulieres, par des écrits ténébreux, le plus grand nombre qu'il foit poffible de Difciples fanatiques &

zélateurs du menfonge? Il ne leur
refte en derniere analyfe d'autre
motif que le defir de fatisfaire leur
vanité, en faifant du bruit dans
le monde, en fe rendant chefs
de Secte, & en s'attachant une
foule d'infenfés panégyriftes.

O les plus malheureux & les
plus nuifibles de tous les hommes ! Pour vous procurer une
gloire frivole, vous troublez la
fociété, vous en détruifez tous
les fondemens, vous en rom-
pez tous les liens ! Et vous
vantez avec emphafe les droits
de l'*humanité*! Vous invectivez
fans ceffe contre les Conquérans
deftructeurs ! Vous êtes vous-
mêmes un fléau plus pernicieux
au genre-humain, que les Ta-

Horreur de leur attentat.

merlan, & les Attila. Puiffiez-
vous reconnoître votre aveuglément déplorable ! Puiffiez-vous,
au lieu d'employer vos talens à
vous perdre & à perdre les autres,
les tourner à des ufages avantageux à la fociété ! Puiffiez-vous
furtout l'édifier par une abjura-
tion fincere de vos dogmes funeftes ! C'eft tout le mal que vous
fouhaite un Chrétien, qui fe
fouvient que vous êtes fes freres,
& qui a appris de la Loi de
Jefus-Chrift à vouloir le bien véritable de ceux-mêmes qui font
les plus grands maux.

Beatus vir cujus eft nomen Domini fpes
ejus, & non refpexit in vanitates & infanias
falfas ! *Pf.* 39. *v.* 5.

F I N.

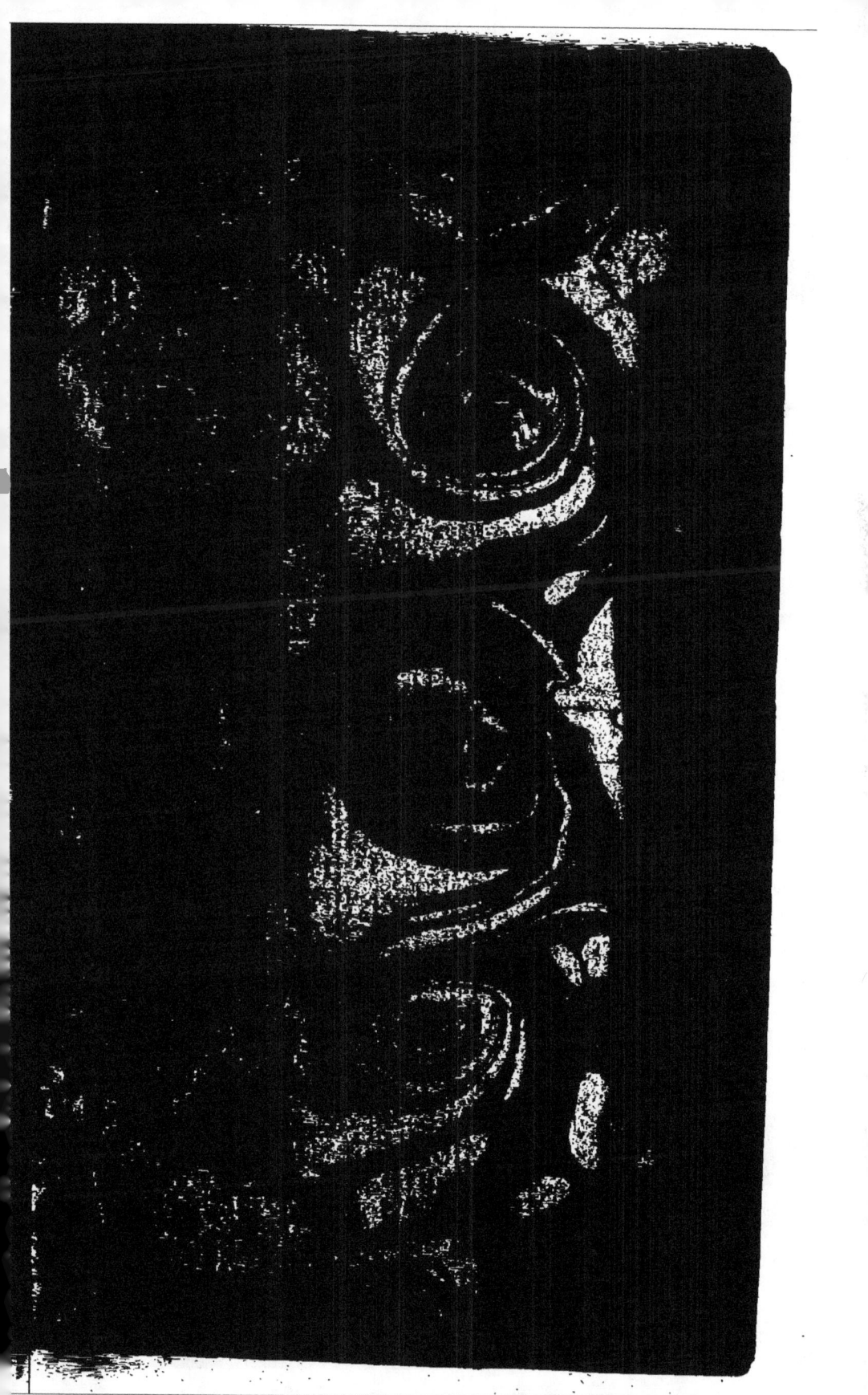

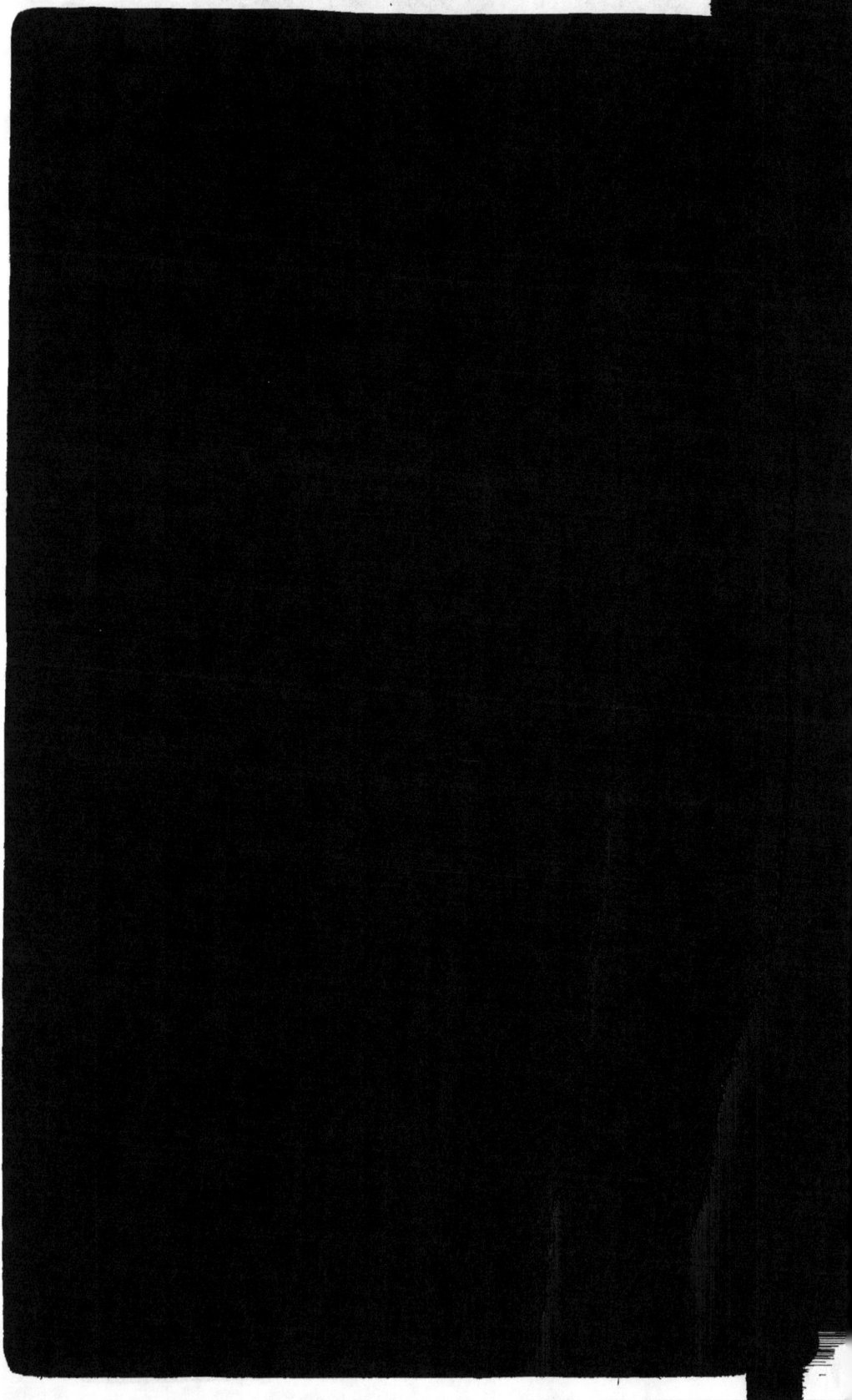

www.ingramcontent.com/pod-product-compliance
Lightning Source LLC
Chambersburg PA
CBHW060419200326
41518CB00009B/1413